La Era Victoriana

Una Fascinante Guía de la Vida de la Reina Victoria y una Era en la Historia del Reino Unido Conocida por su Orden Social Basado en la Jerarquía

© Copyright 2020

Todos los Derechos Reservados. Ninguna parte de este libro puede reproducirse de ninguna forma sin el permiso por escrito del autor. Los comentaristas literarios pueden citar breves pasajes en sus revisiones.

Descargo de responsabilidad: Ninguna parte de esta publicación puede reproducirse o transmitirse de ninguna forma o por ningún medio, mecánico o electrónico, incluido el fotocopiado o grabación, o por cualquier sistema de almacenamiento y recuperación de información, o transmitida por correo electrónico sin el permiso por escrito del editor.

Si bien se han hecho todos los intentos para verificar la información provista en esta publicación, ni el autor ni el editor asumen ninguna responsabilidad por errores, omisiones o interpretaciones contrarias al tema en este documento.

Este libro es solo para fines de entretenimiento. Las opiniones expresadas son solo del autor, y no deben tomarse como instrucciones u órdenes de expertos. El lector es responsable de sus propias acciones.

El cumplimiento de todas las leyes y regulaciones aplicables, incluidas las leyes internacionales, federales, estatales y locales que rigen las licencias profesionales, las prácticas comerciales, la publicidad y todos los demás aspectos de hacer negocios en los EE. UU., Canadá, el Reino Unido o cualquier otra jurisdicción es responsabilidad exclusiva del comprador o lector.

Ni el autor ni el editor asumen responsabilidad alguna sobre estos materiales por parte del comprador o lector. Cualquier desaire percibido hacia cualquier individuo u organización es completamente involuntario.

Contents

INTRODUCCIÓN 1
CAPÍTULO 1 – UNA HEREDERA INESPERADA..3
CAPÍTULO 2 – EL ACCESO 7
CAPÍTULO 3 –UN PALACIO, UN NOVIO Y DOS ESCÁNDALOS................12
CAPÍTULO 4 - RATAS, PULGAS Y OTRAS PLAGAS VICTORIANAS 18
CAPÍTULO 5 - LA EPIDEMIA DE CÓLERA DE 1846-1860.......................22
CAPÍTULO 6 - LA REVOLUCIÓN DEL SANEAMIENTO..............................27
CAPÍTULO 7 - UNA REINA DE LUTO 32
CAPÍTULO 8 - ANATOMÍA, MEDICINA Y LOS LADRONES DE CUERPOS
....36
CAPÍTULO 9 –FRANKENSTEIN, HORROR Y CIENCIA FICCIÓN...............42
CAPÍTULO 10 - EGIPTOMANÍA, RACISMO CIENTÍFICO Y EL CANAL DE SUEZ...46
CAPÍTULO 11 – CULTOS Y LA IGLESIA DE INGLATERRA 51
CAPÍTULO 12 - UNA CARTA DE CHINA 57
CAPÍTULO 13 - LA REVOLUCIÓN INDUSTRIAL......................................63
CAPÍTULO 14 - DESAMPARO Y POBREZA 68
CAPÍTULO 15 - ESPÍRITUS VICTORIANOS Y ESPIRITUALIDAD 72
CAPÍTULO 16 - UNA NAVIDAD VICTORIANA 78

CAPÍTULO 17 – LOS VICTORIANOS EN LA EVOLUCIÓN 82
CAPÍTULO 18 - LOCURA, HISTERIA Y MASTURBACIÓN 87
CAPÍTULO 19 - EMPERATRIZ DE LA INDIA 94
CAPÍTULO 20 - JACK EL DESTRIPADOR 99
CAPÍTULO 21 - EL SIGLO XX 106
EPÍLOGO 112

Introducción

Cuando la reina Victoria subió al trono de Gran Bretaña e Irlanda en 1837, ya no existían los días en que el monarca tenía la autoridad suprema sobre el reino. Victoria gobernó al frente de un gobierno con el que debía conversar, debatir y, en última instancia, guiar. Era un trabajo que a veces le costaba realizar. Victoria se describiría a sí misma como una criatura emocional y culparía a su género por lo que creía que eran sus defectos como monarca.

Durante su infancia y también en la primera parte de su gobierno, la reina sufrió emocionalmente, pero a pesar de algunos escándalos dramáticos en la corte, Victoria llegó a ser amada y respetada por la mayoría de sus súbditos en todo el vasto Imperio británico. Una cantidad importante de cambios sociales y económicos sin precedentes tuvieron lugar durante el reinado de 63 años de Victoria, y ese lapso llegó a significar la mayoría de edad de Gran Bretaña en la historia moderna.

Uno de los cambios más importantes experimentados por Gran Bretaña entre 1837 y 1901 fue la explosión demográfica. Cuando Victoria fue coronada, había unos 13,9 millones de británicos; para cuando ella murió, había un estimado de 32,5 millones. [1] Se ha relacionado este gran aumento en la población con métodos modernizados de tratamientos médicos, el saneamiento y el bienestar social. Aunque durante el siglo XIX cada uno de estos procesos estaba lejos de la perfección, la tasa de natalidad aumentó mientras que la tasa de mortalidad disminuyó.

Desde Escocia e Inglaterra hasta Canadá, India y Australia, el Imperio británico no aceptaría ningún límite ni ninguna autoridad por encima del mismo. El reino de Victoria era el más rico de Europa, así como el primero en industrializarse. Mientras que los capitalistas y la aristocracia trajeron más dinero que nunca, la carga sobre los pobres de Gran Bretaña se hizo cada vez más pesada. En las ciudades del reino, la gente podía encontrar trabajo en las fábricas y recibir un salario, pero las condiciones de trabajo a menudo eran malísimas y los salarios magros. Millones de personas pobres eran detenidas y se les llevaban a asilos donde se les daba trabajo que canjeaban por comidas escasas y un lugar en el asilo para dormir.

Se podría decir que el tema subyacente de la era victoriana era la búsqueda de un equilibrio entre tradición y modernidad, cristianismo y espiritualidad, riqueza y pobreza.

Capítulo 1 – Una Heredera Inesperada

A comienzos del siglo XIX, Inglaterra, Gales y Escocia se habían unido como el Reino de Gran Bretaña bajo un monarca común que reinaría como tal durante casi un siglo desde la muerte de la reina Isabel I en 1603. [2][1] Al inicio del siglo XIX, estos antiguos reinos se unieron bajo el Acta de la Unión en 1800 para formar el Reino Unido de Gran Bretaña e Irlanda, y fue en este Reino Unido donde nació Alejandrina Victoria de la Casa Hannover el 24 de mayo de 1819.[2] Sus padres la llamaban Drina.[3]

Alejandrina de piel clara y cabello rubio no era la niña británica promedio. Su padre era el príncipe Eduardo, cuarto hijo del rey Jorge III, gobernante del reino y rey de Hannover. Su madre, la princesa Victoria de Sajonia-Coburgo-Saalfeld, había sido regente del principado alemán de Leiningen antes de casarse con Eduardo.[4]

---

[1] Hughes, Trisha. *Virgen para Victoria*. 2018

[1] Robin, Diana Maury; Larsen, Anne R; and Carol Levin. *Enciclopedia de las Mujeres en el Renacimiento*. 2007.

[2] Thorne, Danielle. *La Historia de la Reina Victoria 200 Años Después de su Nacimiento*. 2018.

[3] Thorne, Danielle. *La Historia de la Reina Victoria 200 Años Después de su Nacimiento*. 2018.

[4] Longford, Elizabeth. *La Reina Victoria Nacida para Triunfar*. 1964.

Aunque Victoria era la nieta del rey, no estaba inmediatamente en la línea para la corona porque su abuelo había tenido quince hijos e hijas. Lamentablemente, no todos estos hijos vivieron hasta la edad adulta, pero para cuando naciera Victoria el hijo mayor de Jorge, ya ocupaba su lugar como su regente, y fue coronado el rey Jorge IV al año siguiente después que muriera su padre tras una larga enfermedad.

Jorge IV gobernó otros diez años antes de su muerte en 1830. No tenía hijos para ocupar su lugar, ya que su única amada hija, la princesa Charlotte, había muerto en 1817 durante el parto, a la edad de 21 años.[5] Incluso el hijo que dio a luz nació muerto, sin dejar a nadie en la línea directa de Jorge IV para sucederlo en 1830.[6] Por lo tanto, la sucesión pasó al siguiente hijo de Jorge III, hermano del último rey, Guillermo IV.

El rey Guillermo IV, tío de la joven princesa Victoria, gobernó como el rey de Gran Bretaña durante casi siete años antes de que él también falleciera en 1837. En este punto, la sucesión del trono volvió para atrás una vez más ya que Guillermo no tenía hijos legítimos. para heredar su corona. Eso no quiere decir que Guillermo no tuviera hijos (engendró muchísimos con mujeres con las que no estaba casado), pero ninguno de ellos podía legalmente ocupar el lugar de su padre.[7]

Además, el siguiente hermano mayor de Guillermo, Eduardo, había muerto en 1820, casi un año después del nacimiento de su hija Alejandrina Victoria.[8] Dado que la línea de sucesión habría pasado a Eduardo, recayó en su única hija, la princesa Victoria, de 18 años. Así fue como Victoria, la única mujer de los cuatro hijos del rey de Gran Bretaña quedó tercera en la línea al trono de su abuelo. Cuando

---

[5] Beatty, Michael A. *The English Royal Family of America*. 2003.
[6] Ibid.
[7] Williams, Kate. *La Joven Isabel: La Creación de Nuestra Reina*. 2012.
[8] Edwards, William. *Notas sobre la Historia de los Británicos 1900-1920*. 1963.

Guillermo IV se hizo cargo de la corona, ella se convirtió en su presunta heredera.

Victoria permaneció sin ser cuestionada parar la sucesión a lo largo de su infancia, y aunque fue criada esperando que asumiera el papel de su tío a su debido tiempo, sabía que, si el rey Guillermo IV tuviera algún hijo varón dentro del matrimonio, perdería su oportunidad de llegar a la corona, pero Guillermo no tuvo ninguno. Como tercer hijo de su padre Jorge III, Guillermo no se sintió presionado para tener herederos legítimos al trono. Permaneció soltero durante muchos años, aunque convivió con una comediante irlandesa llamada Dorothea Jordan con quien tuvo diez hijos. La pareja se separó en 1811, y el príncipe se casó con la princesa Adelaida de Sajonia-Meiningen en 1818.[9,10] Las dos hijas de la pareja casada murieron durante la infancia.[11]

La madre de Victoria, duquesa de Kent y Strathearn, controlaba mucho a su real hija l. La princesa dormía en la misma habitación que su madre y tenía prohibido socializar con la mayoría de la gente, incluidos los miembros de la familia de su padre. La duquesa se sentía muy ofendida por el apego del rey Guillermo IV a su amante e hijos ilegítimos, todos los cuales estaban bien atendidos y frecuentemente presentes en la corte. Intentó criar a su hija casi aislada, lejos de cualquiera que creyera que era un mal ejemplo.

La duquesa no estaba sola en su intento de mantener a la joven Victoria lejos del resto de la familia real. Sir John Conroy, un oficial naval que servía como contralor en la casa de la duquesa, demostró ser una entusiasta pareja de la madre de Victoria y hasta se murmuraba que era el amante secreto de la duquesa. Juntos, el contralor, la duquesa y la institutriz de Victoria, la baronesa Louise Lehzen, mantuvieron a la princesa fiel a los principios más estrictos del sistema Kensington, llamado así por su residencia en el palacio de

---

[9] "Dorothea Jordan Artista Irlandesa". *Enciclopedia Británica*. Web.
[10] "Guillermo IV Rey de Gran Bretaña". *Enciclopedia Británica*. Web.
[11] Ibid.

Kensington en Londres. Bajo el Sistema Kensington, Victoria se veía obligada a escribir en su diario todos los días y resumir su carácter en un libro de comportamiento. A menudo, ella era "muy buena" y, en ocasiones, era "muy traviesa".[12]

La princesa tenía un horario habitual para la escuela y una gran colección de tutores para ayudarla a prepararse para un papel de liderazgo en la Europa moderna. Se esperaba que comenzara el día a las 9 de la mañana, escribiera en su diario durante media hora y luego registrara sus gastos personales del día anterior. Luego, asistía a clases de religión, historia, geografía, conocimiento general, escritura, música, aritmética y varios idiomas. De niña, Victoria podía leer y escribir en latín, griego, italiano, francés y alemán. Desde temprana edad, su letra era impecable y ella continuaría llevando un diario durante toda su vida.

Victoria escribía fastidiada su diario la mañana del 20 de junio de 1837, el día en que su tío, el rey Guillermo IV fallecía de un ataque al corazón. Fue el mismo día en que ascendió al trono como reina.

---

[12] "Libro sobre el Comportamiento en la Infancia". *Fideicomiso de la Colección Real*. Web. 13 de julio de 2014.

Capítulo 2 – El Acceso

Mamá me despertó a las 6 en punto y me dijo que el arzobispo de Canterbury y Lord Conyngham estaban aquí y deseaban verme. Me levanté de la cama y entré en mi sala de estar (solo con la bata), y sola los vi. Lord Conyngham (el Lord Chambelán) me informó que mi pobre tío, el Rey, ya no existía, y que había muerto a las 2 y 12 de la madrugada de esa mañana, y en consecuencia que soy la Reina ... Ya que ha complacido a la Providencia que me coloque, en esa posición, haré todo lo posible para cumplir con mi deber hacia mi país; soy muy joven y tal vez en muchas, aunque no en todas las cosas, soy inexperta, pero estoy segura de que muy pocos tienen más buena voluntad real y más deseo real de hacer lo que me corresponde y es correcto que yo...[13]

Ya hacía mucho tiempo que se habían ido los días en que se requería un heredero varón para el trono de Inglaterra o Escocia, y para cuando Victoria llegara a recibir la corona de Gran Bretaña, seis mujeres habían servido como reinas de Inglaterra o de Gran Bretaña. Sin embargo, la corona de Hannover solo debía pasar a herederos varones, por lo que no fue Victoria quien heredó la corona de Hannover sino el hermano menor de su padre, Ernesto Augusto. Ernesto Augusto también era el heredero de la corona de Gran Bretaña hasta que Victoria se casara y tuviera hijos.

---

[13] Diarios de la Reina Victoria.

Victoria había cumplido 18 años unas pocas semanas antes de la muerte de su tío Guillermo IV, evitando así por poco la necesidad de un regente. Esto era ideal para la joven reina, pero probablemente era un gran fastidio para su ambiciosa madre que había estado preparando a Victoria para actuar bajo su guía maternal desde que era una niña. Muchas personas creían que la vieja madre de Victoria y su constante compañero, Sir John Conroy, esperaban convertirse en el poder detrás del trono de la reina Victoria, y esta era la verdadera razón por la cual se usó el Sistema Kensington.

Debían estar muy decepcionados. En la primera oportunidad que tuvo, Victoria se distanció tanto de su madre como del contralor. Algunas de las primeras demandas que hizo la joven reina fueron tener sus alcobas privadas y que se le prohibiera a Sir John Conroy entrar en ellas. Estaba claro que el Sistema Kensington, diseñado para mantener a Victoria cerca y dependiente de su madre, en ella, había tenido el efecto contrario. Aunque no lo diría formalmente durante varios años, Victoria estaba personalmente indignada por su educación y había llegado a detestar las maquinaciones de Conroy, su madre y la criada de su madre, Lady Flora Hastings. En cuanto a la institutriz de Victoria, la baronesa Lehzen, la reina solo tenía buenas intenciones para con ella, ya que la baronesa permaneció como consejera de Victoria durante unos años después de la ascensión de esta última.

Sin embargo, la educación de Victoria había sido un éxito, y su sentido financiero era impresionante. Al recibir por primera vez su asignación real de £ 385,000 por año, la reina Victoria rápidamente pagó las deudas restantes de su padre.[14] Era un objetivo que tenía por sobre la mayoría de los demás, excepto quizás el de su coronación.

Era tradicional que el gobierno británico hiciera planes para la coronación de un nuevo monarca, y la coronación de Victoria no fue diferente, le correspondió al primer ministro del país, William Lamb,

---

[14] Hibbert, Christopher. *Reina Victoria: Una Historia Personal.* 2010.

mejor conocido como Lord Melbourne, un hombre que rápidamente cultivó una amistad muy cercana con la reina. Como líder de los Whigs (antiguo nombre de los liberales), los planes de Melbourne para el evento se enfrentaron a duras críticas por parte de los tories opositores que poblaban los edificios del gobierno de Gran Bretaña, así como de miembros con una inclinación liberal más extrema. En el lado izquierdo del espectro, los hombres que creían muy poco en la necesidad de la monarquía protestaron porque el presupuesto de Melbourne de £ 70,000 era demasiado alto.[15] En el ala derecha, los lores se quejaban de que el primer ministro estaba cambiando ciertos aspectos de una ceremonia que se había realizado de la misma manera para una larga fila de reyes y reinas. Su principal crítica fue el plan para expandir ampliamente la ruta de la procesión, atendiendo a la demanda pública de ver la mayor parte de la ceremonia como fuera posible.

En comparación, la coronación de Jorge IV había costado 243.000 £; el costo de la de Guillermo IV apenas 30,000 £.[16] Los argumentos a favor de un mayor gasto incluían el hecho de que las leyes reformadas significaban que 500 miembros del Parlamento serían invitados a la coronación por primera vez en la historia, y que, dado que todos los ferrocarriles recién construidos admitían mucha más gente, la procesión de Victoria tendría que ser significativamente más larga que el de sus predecesores. Resultó ser la más larga en la historia de Inglaterra, de hecho, comenzaría en el palacio de Buckingham y terminaría en la abadía de Westminster

Victoria favorecía el conservadurismo económico y pidió a sus concejales que se abstuvieran de los gastos elaborados que su tío Jorge asumió cuando tuvo lugar su coronación. Sin embargo, había mucho trabajo por hacer, ya que los asesores reales y los funcionarios del gobierno británico sabían que el mundo estaría mirando, en gran parte desde las mismas aceras de Londres. Más de 400.000 visitantes

---

[15] McGilchrist, John. *La Vida Pública de la reina Victoria*. 2012.
[16] Ibid.

llegaron a Londres a tiempo para las ceremonias oficiales el 28 de junio de 1838.[17]

> Era un lindo día, y las multitudes superaban a todo lo que había visto; los muchos que asistieron el día que fui a la ciudad, no eran nada, nada en comparación con las multitudes, los millones de mis leales súbditos que se reunieron en cada lugar para presenciar la Procesión. Su buen humor y lealtad excesiva iba más allá de todo, y realmente no puedo decir lo orgullosa que me siento de ser la reina de una nación así. por momentos sentí el temor de que la gente fuera aplastada teniendo en cuenta la tremenda prisa y presión.[18]

Tal como Victoria describió en su diario, la gente acudió en masa para ver a la nueva joven reina y presenciar una tradición que los británicos habían celebrado durante siglos. Ella iba a lo largo del camino de la procesión dentro de la Carroza de Oro del Estado, un opulento vehículo que había sido hecho para su abuelo, Jorge III.[19] Seis caballos tiraban de la majestuosa pieza de metal precioso finamente labrada que transportó a la joven reina del país durante una hora entera antes de llevarla a la abadía de Westminster para la ceremonia. Todo estaba coordinado de ese modo, dándole al público británico la oportunidad de ver a la reina Victoria.

Dentro de las antiguas murallas de la abadía, Victoria y sus asistentes tuvieron que pasar por una ceremonia religiosa de cinco horas para la cual nadie estaba preparado adecuadamente. No había habido ningún ensayo, y los miembros de la audiencia comentaron que parecía que nadie sabía muy bien qué hacer. En un momento, el anciano Lord Rolle se cayó en un tramo de escaleras mientras cuando intentaba saludar y rendir homenaje a la reina; esta última rompió con la tradición y se puso de pie para recibirlo.

---

[17] "Coronación de la Reina Victoria 1838". *La Monarquía Británica*. Web.
[18] Diarios de la Reina Victoria.
[19] Panton, James. *Diccionario Histórico de la Monarquía Británica*. 2011.

Más tarde, mientras escribía el acontecimiento en su diario, la reina Victoria comentaría que el arzobispo de Canterbury había puesto el anillo de su cargo en el dedo equivocado y que había tenido que detenerse durante una larga y dolorosa pausa en la ceremonia para corregirlo. Aun así, agregaría, "[Yo] siempre recordaré este día como el más orgulloso en mi vida".[20]

---

[20] Diarios de la Reina Victoria.

Capítulo 3 -Un Palacio, Un Novio y Dos Escándalos

Irse de la habitación de su madre no le dio a Victoria la satisfacción y la privacidad que ansiaba después de tanto tiempo a merced de la duquesa, por lo que la reina buscó alojamientos más apropiados. Se decidió por el palacio de Buckingham, convirtiéndose en la primera monarca en usarlo como residencia permanente. Se mudó allí solo tres semanas después de su reinado, y aunque permitió que su madre fuera con ella, tal vez por amor o tal vez para vigilarla más de cerca, las habitaciones de la madre de Victoria estaban ubicadas lejos de las de la reina. Además, aunque su madre pudo mantener a sus damas de honor, la reina Victoria le prohibió invitar a John Conroy a Buckingham.

En ese momento, el terreno sobre la que se encontraba el palacio de Buckingham había estado en manos de la realeza durante más de dos siglos, habiendo servido por primera vez como una plantación de gusanos de seda bajo el rey Jacobo I. El terreno cambiaría de manos muchas veces hasta el comienzo del siglo XVIII cuando tomó posesión John Sheffield, quien se convertiría en el duque de Buckingham. En 1761, el rey Jorge III compró toda la propiedad para el uso de su esposa, la reina Charlotte. Oficialmente, el palacio de St. James en Londres fue el hogar de la familia real, pero Buckingham era la morada frecuente de Charlotte y los reales hijos.

El sitio fue lujosamente reconstruido durante la última parte del reinado de Jorge IV, bajo la supervisión de John Nash, el arquitecto oficial del Departamento de Obras. El proyecto involucraba la expansión de la casa señorial existente, llamada la Casa Buckingham, y convertirla en un palacio clásico en forma de U con dos grandes alas que abarcan una lujosa explanada adornada con un arco triunfal. Las renovaciones costaron casi £ 500,000, una cantidad exorbitante de dinero para los contribuyentes de principios del siglo XIX. Sin embargo, el costo final del proyecto fue más cercano a £ 700,000. Tan pronto como el trono pasó a Guillermo IV, el primer ministro ordenó a Nash que dejara de trabajar en el lugar.

La joven y nueva reina Victoria estaba emocionada de mudarse al palacio de Buckingham y establecer su propio hogar independiente. Para 1845, ella tenía un esposo y cuatro hijos: Victoria, Alberto Eduardo (comúnmente llamado Eduardo), Alicia y Alfredo. En este momento, ya llevaba cinco años de casada con su primo, el príncipe Alberto de Sajonia-Coburgo y Gotha. El amor de la reina por su joven esposo alemán el día de su boda el 10 de febrero de 1840 era obvio. En su diario la mañana siguiente a la ceremonia de la boda, la nueva novia escribiría obedientemente en su diario:

> *¡Nunca, nunca pasé una noche como esa! Mi querido, querido alberto se sentó en un taburete a mi lado, y su amor y afecto excesivos me dieron sentimientos de amor y felicidad celestiales que nunca podría haber esperado antes. ¡me abrazó y nos besamos una y otra vez! Su belleza, su dulzura y gentileza, realmente, ¿cómo puedo estar tan agradecida de tener un marido así? ¡oh! ¡este fue el día más feliz de mi vida!*
>
> *Ya el segundo día desde nuestro matrimonio; su amor y gentileza están más allá de todo, y besar esa querida mejilla suave, presionar mis labios contra los suyos, es una dicha celestial. Siento una sensación más pura y sobrenatural que nunca. ¡ah! ¡nunca una mujer fue tan bendecida como yo!*

Victoria quedó embarazada poco después de la boda y se sintió miserable con todo el asunto de llevar un hijo a término. Le escribiría a su tío, el rey Leopoldo I de Bélgica, después del nacimiento de su primer hijo, criticando la necesidad de una familia numerosa.

> Mi querido tío... Creo que, querido tío, realmente no puedes desearme que sea la "Mamma d'une nombreuse famille", porque creo que coincidirás conmigo en el gran inconveniente que una familia numerosa sería para todos nosotros, y particularmente para el país, independientemente de las dificultades y molestias para mí; los hombres nunca piensan, al menos rara vez piensan, qué tarea tan difícil es para nosotras las mujeres pasar por esto muy a menudo.[21]

A pesar de su burla, Victoria llegó a tener un total de nueve hijos con Alberto, y rápidamente se sintió incómoda en el espacio que John Nash había diseñado para su tío Jorge IV. Victoria contrató al arquitecto Edward Blore para encerrar la explanada de Nash con una cuarta ala en el lado este abierto del palacio. El proyecto de Blore costó £53,000 y contaba con un hermoso balcón en el centro desde el cual la familia real podía supervisar desfiles formales o abordar sus asuntos.[22] El palacio de Buckingham se convirtió en la casa familiar ideal para la realeza, un lugar donde Victoria podía aprender a equilibrar sus deberes como reina con sus responsabilidades como madre y esposa.

Había sido la costumbre para el monarca británico, como figura decorativa de una monarquía constitucional, aceptar cambios en su hogar personal basados en los nombramientos del gobierno a cargo. Cuando Lord Melbourne anunció su decisión de retirarse como Primer Ministro del Reino Unido en 1839, Victoria fue la responsable de elegir su reemplazo y considerar cualquier cambio apropiado en su hogar. La elección obvia para el primer ministro fue Sir Robert Peel,

---

[21] Dolby, Karen. *Mi Querido, Querido Alberto.* 2018.
[22] Ibid.

cuyo Partido Conservador había comenzado a superar a los Whigs (Liberales) en términos de popularidad.

No estando en términos amistosos con Peel, Victoria primero recurrió al ex primer ministro Arthur Wellesley y le pidió que formara el nuevo gobierno. Él declinó respetuosamente y la reina se vio obligada a hacerle el mismo ofrecimiento a Peel. Aceptó con la condición de que Victoria aceptara a varias señoritas de prominentes familias conservadoras para servir dentro de su hogar.

La reina ya empleaba a muchas damas de compañía de confianza, en su mayoría de familias Whig, y no quería despedir a ninguna de ellas. Victoria se negó obstinadamente a hacerlo, y los dos llegaron a un punto muerto conocido como la Crisis de la Alcoba. Finalmente, siguiendo el sensato consejo del príncipe Alberto, la reina aceptó la oferta de Peel, y él aceptó la suya. La crisis había sacudido algo la reputación de la nueva reina, pero desafortunadamente, no fue el único escándalo en el que se enredaría durante sus primeros años como jefa de Estado de Gran Bretaña.

Por más ocupada que estuviera como Victoria en el palacio de Buckingham, todavía tenía que dejar de lado las tensiones emocionales que el Sistema Kensington le había impuesto. La reina profesaba un odio profundamente arraigado por el consejero de su madre, John Conroy, y en su constante compañera, Lady Flora Hastings. En 1839, la vencería el odio no resuelto que sentía Victoria hacia Conroy y Hastings, y se vio envuelta en un feo escándalo. Comenzó cuando vientre de Lady Hastings comenzó a hincharse, sugiriendo que la criada soltera de la madre de la reina había quedado embarazada. Los miembros de la corte, incluida la reina, supusieron rápidamente que Hastings y Conroy, que habían estado notablemente cercanos durante la infancia de la reina, habían tenido una aventura.

En medio de los rumores, Lady Hastings visitó al médico de la reina, pero no accedió a someterse a un examen físico completo. Su negativa solo empeoró los rumores; finalmente, accedió, y el doctor descubrió que Hastings no solo no estaba embarazada, sino que era virgen.[23] Esta reivindicación seguramente fue un alivio para Lady Hastings, pero duraría poco tiempo. Moriría en julio del mismo año, ya que sufría de un tumor en el hígado, la verdadera razón de su hinchazón abdominal.

Fue todo un drama, con toda la corte chismeando sobre el tema, e incluso los periódicos de Londres publicando los detalles. Cuando la inocencia de Hastings fue proclamada a las masas, su reputación fue anunciada por muchos británicos. Recibió vítores cuando se aventuró a salir del castillo mientras que la reina Victoria era abucheada como una detractora de la reputación de una mujer inocente. Aun así, la opinión pública o las súplicas de su madre no convencerían a la reina de permitir que John Conroy entrara en el palacio de Buckingham. Victoria seguía estoica en su creencia de que Conroy era un hombre en el que no se podía confiar, y además de excluirlo de su corte, también hizo un llamamiento a su madre para que abandonara las instalaciones del palacio de Buckingham y encontrara su propia residencia en otro lugar.

La reputación de la joven reina mejoró cuando se casó y comenzó a tener hijos, y pronto fue apreciada por la gente de su reino. El mismo año de su matrimonio, en 1840, la madre de Victoria se mudó a la Casa Frogmore, una finca más pequeña pero lujosa cerca del castillo de Windsor. El palacio de Buckingham estaba libre de todas las personas que habían impuesto el Sistema Kensington a la reina cuando era niña, y Victoria y Alberto finalmente pudieron comenzar sus vidas juntos bajo la autoridad de ambos, aunque más específicamente, bajo la autoridad de Victoria.

El Partido Conservador de Sir Robert Peel recibió la mayoría de los votos cuando en 1841, se celebraron otras elecciones y bajo el consejo de Lord Melbourne, la reina Victoria no tuvo más remedio que pedirle a Peel que formara el próximo gobierno. Fue un cambio sin precedentes en el gobierno, ya que se transformó de un partido

---

[23] Murphy, Paul Thomas. *Disparándole a Victoria*. 2012.

gobernante whig a un partido gobernante conservador. El príncipe Alberto hizo un llamamiento personal tanto a Peel como a Victoria para evitar una crisis similar en relación con la alcoba de las damas que había enfrentado en 1839. Tres mujeres veteranas de familias Whig se retiraron simultáneamente de sus deberes a la reina, lo que permitió el nombramiento sin problemas de varias damas de familias conservadoras. Victoria haría un esfuerzo por llevarse bien con el nuevo primer ministro, aunque solo fuera por la admiración continua de su esposo. La presencia de Alberto tuvo un efecto calmante y apaciguador sobre la reina, y su decisión de tratar de complacerlo le permitiría adoptar un enfoque más moderado sobre sus súbditos y sus deberes hacia el reino.

Capítulo 4 - Ratas, Pulgas y Otras Plagas Victorianas

Fuera de los muros del palacio de Buckingham, Gran Bretaña era un lugar muy diferente. Algunos de los caminos estaban empedrados con piedras redondas, pero muchos eran una combinación de tierra, barro y heces de caballo. Con la población de Gran Bretaña creciendo y creciendo, las casas en Londres, York y otros centros industriales estaban llenas de múltiples familias, y la basura que producían se acumulaba en las calles y desbordaba las pocas alcantarillas en su lugar. Mientras los planificadores de la ciudad luchaban por lidiar con la inmundicia de la nación, ratas, pulgas y otras alimañas corrían desenfrenadamente en hogares, negocios y en las calles.

Las ratas y otras criaturas también vivían en la miseria entre las pilas de basura humana que se recolectaban en varias partes de las ciudades de Gran Bretaña. Las enfermedades se propagaron fácilmente en áreas densamente pobladas, y se relacionaron las ratas con tales brotes. La Gran Bretaña victoriana estaba abrumada por los roedores, totalmente a merced del cazador de ratas local. Uno de esos profesionales, llamado Jack Black, se jactaba de que sus habilidades para atrapar ratas eran tan excelentes que la propia reina empleaba sus servicios.

El periodista londinense Henry Mayhew describiría al famoso exterminador para la posteridad:

> [Él] tenía armado una especie de escenario, en el que había jaulas llenas de ratas, píldoras y paquetes de veneno... Aquí lo vi meter la mano en esta jaula de ratas y sacar tantas como podía, una hazaña que generalmente causaba un "¡oh!" de asombro escapar de la multitud... las dejaba correr por sus brazos como ardillas, y la gente reunida alrededor los vio sentados sobre sus hombros limpiando sus caras con sus patas delanteras, o levantándose sobre sus patas traseras como pequeños canguros, y olisqueando sus orejas y mejillas.[24]

Black hizo un trato extraordinario con su aparente conexión con la reina Victoria, llegando incluso a llevar una faja estampada con las iniciales de Su Majestad: V.R., por Victoria Regina. También repartió literatura a las multitudes que se reunían para verlo jugar con sus ratas, proclamándose a sí mismo "destructor de ratas y topos para Su Majestad".

Black y sus compañeros empleaban todo tipo de métodos para atrapar ratas, usualmente utilizando nada más que sus manos para barrer a docenas de criaturas en jaulas de metal. Black confesó en una entrevista que a veces tenía que meter ratas en los bolsillos, bajarse la camisa o incluso sacarlas con los dientes de un área infestada. Aunque sin duda fue un hábil exterminador, su vínculo con la reina Victoria ha sido cuestionada críticamente. Independientemente de si Black realmente recolectaba ratas del palacio de Buckingham, ciertamente tomó su trabajo en serio y contribuyó inmensamente a un aspecto muy crucial de la sociedad victoriana: el saneamiento.

Con toda esa inmundicia y pocos esfuerzos concertados por parte de los trabajadores del gobierno o de la ciudad para limpiarla, las invisibles bacterias se convirtieron en una plaga formidable. Incapaces

---

[24] Morton, Ella. "Conoce al Autodenominado Rey de los Cazadores de Ratas Victoriano". *Atlas Obscura*. 15 de octubre de 2015. Web.

de verlas, la gente no sabía contra qué luchar para mantenerse saludable, e incluso si querían hacer algo al respecto, el jabón era un elemento generalmente relegado a la industria de la lana. Gran Bretaña había estado haciendo jabón desde el siglo XIII, sorprendentemente en los centros urbanos de Londres, Bristol y Coventry.[25] Como la fabricación de jabón consumía una gran cantidad de madera y grasas animales, finalmente se le aplicó un impuesto de lujo, asegurando que solo los líderes de la industria y los aristócratas pudieran pagarlo. En 1853, se eliminó el impuesto, y los británicos adoptaron lentamente la higiene personal como un hábito.[26]

El simple hecho de lavarse las manos y el cuerpo todos los días podría haber evitado innumerables casos de tifus y fiebre tifoidea. El tifus generalmente se presenta en forma de erupción cutánea, fiebre y dolor de cabeza, y puede ser transmitido por los piojos. La fiebre tifoidea, una enfermedad que era común durante la época victoriana, también es causada por bacterias, pero sus síntomas incluyen fiebre, vómitos, diarrea y muerte.[27] En los Estados Unidos, una mujer irlandesa que emigró a Nueva York en la década de 1880 propagó la fiebre tifoidea a más de 50 personas mientras trabajaba como cocinera.[28] Los investigadores suponían que la mujer, llamada Mary Mallon, no se lavaba las manos adecuadamente. Habiendo vinculado indudablemente a Mary a una serie de brotes de tifus en el área de Nueva York, el investigador George Soper publicó un informe que describe cómo Mary misma no se vio afectada por la enfermedad que claramente estaba transmitiendo a otros. La "tifoidea Mary", como

---

[25] "La Historia de la Fabricación de Jabón". *La Universidad Abierta.* Web. 27 de septiembre de 2007.

[26] Rich, Vivian A. *Maldiciendo la Albahaca.* 1998.

[27] Newman, Tim. "Lo que necesita saber sobre la fiebre tifoidea". *Noticias Médicas Hoy.* Web. 4 de diciembre de 2017.

[28] Klein, Christopher. "10 Cosas Que Quizás No Sepa Sobre 'a Tifoidea Mary'". *Historia.* Web. 22 de agosto de 2018.

llamaban a Mallon, fue puesta bajo custodia policial y forzada a la cuarentena clínica dos veces.

Sin embargo, en el imperio de la reina Victoria, mientras más basura se acumulaba en las calles de Su Majestad, más ratas, pulgas, piojos y bacterias había para infectar a todos. Al igual que la tifoidea Mary, la mayoría de la gente no usaba jabón, excepto para lavar la ropa y no se lavaban las manos adecuadamente después de usar el retrete o antes de preparar las comidas. Sin comprender qué eran los gérmenes, o cómo se transmitían de persona a persona, los victorianos a menudo eran responsables de sus propias enfermedades y las de sus familias.

La enfermedad también era causada por los bichos que deambulan por las calles y las casas. Las ratas no solo propagan bacterias en sus excrementos y a través de sus mordeduras, sino que también transportan pulgas infectadas sobre sus cuerpos que podían causar la peste. La peste negra había devastado Europa y las islas británicas durante varios siglos de la era medieval, gracias principalmente a las pulgas infectadas. Esas pulgas eran llevadas a todos los rincones del reino a lomos de ratas, y sin una comprensión real de la epidemiología, los británicos antiguos y modernos no tenían idea de cómo prevenir la enfermedad que se propagaba con los animales y las pulgas. Para la época de Victoria, las experiencias de Gran Bretaña con la peste habían cesado casi por completo, pero en su lugar una nueva enfermedad había entrado. El cólera, una enfermedad grave que afecta el sistema digestivo de sus víctimas, se convirtió en la nueva plaga para los británicos victorianos.

Capítulo 5 - La Epidemia de Cólera de 1846-1860

La creciente población de la ciudad significó que la metodología de saneamiento moderna era más importante que nunca para el reino de la Reina Victoria. En Gran Bretaña había el doble de personas en 1850 que en 1800, pero se había hecho muy poco para alojarlas en los centros urbanos. Las ciudades estaban plagadas de infecciones y enfermedades como la fiebre tifoidea, el sarampión, las paperas, la difteria, la escarlatina y la rubéola; Con la teoría de los gérmenes todavía en su infancia y los antibióticos todavía a casi un siglo de distancia, en varias ocasiones durante el siglo XIX el cólera se extendió por toda Gran Bretaña. La tercera, y posiblemente la peor de estas epidemias, afectó a la Gran Bretaña victoriana durante una década y media.

Se cree que la epidemia comenzó en la India, un país cuyos gobernantes más destacados eran miembros de la aristocracia británica. Era la era en que la Compañía gobernaba la India, en la que una colección de comerciantes británicos y el ejército real habían comprado y conquistado la mayor parte de la tierra dentro del antiguo subcontinente indio. La colonización indirecta de la India había comenzado a través de una carta real otorgada por la predecesora de la reina Victoria del siglo XVI, la reina Isabel I.

Con un vínculo económico y cultural directo con Gran Bretaña, los oficiales y comerciantes británicos que vivían en India viajaban regularmente hacia el oeste para estar en contacto con el Reino Unido. Este viaje constante significaba que a menudo llevaban enfermedades de un lado a otro. Para 1846, la enfermedad que estaba arrasando toda la India golpeó a Gran Bretaña con la misma fuerza. Contraída de consumir alimentos o agua contaminada con la bacteria Vibrio cholera, el cólera causa diarrea acuosa en sus víctimas que puede ser tan severa que la deshidratación y la muerte pueden ocurrir en unas pocas horas.

No todos los casos de cólera producían síntomas graves en su huésped, lo que significa que decenas de miles de ciudadanos en cada una de las ciudades de Gran Bretaña probablemente se infectaron sin siquiera saberlo. A medida que avanzaban en sus vidas normales, propagaron la bacteria por todas partes. Durante 1849, la enfermedad mató a unas 10.000 personas en solo tres meses y las condiciones de los barrios marginales de muchas de las familias urbanas pobres de Gran Bretaña simplemente exacerbaron la propagación de la bacteria y la enfermedad.[29]

El libro del médico escocés William Buchan, *Medicina Doméstica: o un Tratado para la Prevención y Curación de Enfermedades haciendo Régimen y Medicamentos Simples*, decía que el cólera era causado por "alimentos que fácilmente se vuelven rancios o agrios en el estómago; como mantequilla, tocino, dulces, pepinos, melones, cerezas y otras frutas frías e inmaduras... también puede proceder de violentas pasiones y afectos de la mente". También escribiría que "los pies mojados también ocasionan enfermedades fatales", entre ellas cólicos y el cólera. Decía que la enfermedad se hacía más incontrolable durante los meses otoñales más cálidos, y, por lo tanto, el aire caliente debe causar un cambio en la bilis. El Dr. Buchan instaba a sus pacientes a beber muchos líquidos para

---

[29] "Muertes por Cólera y Diarrea". *The Morning Chronicle.* 24 de septiembre de 1849.

ayudarlos a vomitar y purgarse y luego a comer pan de avena tostado y opio.

En 1854, un nuevo brote de cólera azotó Londres, matando a 127 personas en Broad Street y sus alrededores en el distrito de Soho durante el último día de agosto y los primeros tres días de septiembre.[30] Para el 10 de septiembre, 500 personas habían muerto por casos confirmados de cólera. Providencialmente, el brote de Broad Street ocurrió cerca de la casa del inquisitivo anestesiólogo Dr. John Snow. Snow estaba muy interesado en la propagación de la enfermedad, y ya se había convencido de que los repetidos episodios de cólera de Londres no encajaban en la escuela aceptada de la teoría de la enfermedad miasmática. Snow se dispuso a hacer una verdadera investigación práctica y descubrir exactamente cómo se propagaba la horrible enfermedad.

La primera pista señaló el ojo de la tormenta: el Soho. Snow utilizó un mapa de Londres para rastrear los primeros casos del brote de finales de agosto / principios de septiembre y descubrió que todos estaban ubicados cerca de una bomba de agua en la esquina de Broad Street y Cambridge Street. De acuerdo con el mapa cuidadosamente elaborado de Snow, esa bomba era pieza central de una epidemia que, según su teoría, se propagaba a través de una fuente de agua contaminada. Decidido a probar su teoría, Snow entrevistó a cada miembro de las familias del Soho y descubrió que todas víctimas del cólera habían tomado la costumbre de beber de la bomba de Broad Street o que recientemente habían estado más cerca de esa bomba que de otra fuente de agua del vecindario, teorizando que toda esa gente también bebía de ella.

Snow tomó una muestra de agua de la bomba de Broad Street y la inspeccionó de cerca bajo un microscopio, descubriendo que contenía "partículas floculantes blancas".[31] Llevó estos hallazgos a la

---

[30] Summers, Judith. *Soho -- Una historia del Barrio más Colorido de Londres.* 1989.
[31] Ibid.

Junta de Guardianes de la Parroquia de St. James, cuyo trabajo consistía en supervisar tales asuntos en el área de Soho, y la Junta acordó detener el uso de la bomba sospechosa. Se retiró el mango de la bomba y los nuevos casos de cólera disminuyeron rápidamente. A fines de septiembre, el número de residentes de Soho enfermos con cólera era casi nulo, y el número de muertos había terminado siendo 616.[32]

Snow y otro investigador, el reverendo Henry Whitehead, postularon que la causa original de la contaminación del pozo de Broad Street podría identificarse con un niño enfermo. Los pañales sucios del niño enfermo de diarrea, los habían arrojado a un pozo negro cerca del pozo que causara tantas muertes

Después de la epidemia de Soho, la teoría de John Snow de que el cólera se trasmitía por el agua fue mucho más aceptada, pero no tuvo ningún impacto positivo inmediato en los barrios bajos de Londres y el resto de Gran Bretaña. Los pozos negros permanecieron, las calles se mantuvieron sucias y otras enfermedades invadieron la población victoriana a intervalos regulares. Las condiciones solo empeoraron debido a muchas de las mejoras planificadas de la capital, ya que los planificadores de la ciudad generalmente pagaban a los propietarios de viviendas por el derecho a destruir y reemplazar las viviendas de la gente pobre. Cuando se derribaron viviendas superpobladas, todos los inquilinos quedaron sin hogar y sin ni un centavo por sus pérdidas.

Las reformas renovaron los barrios marginales victorianos y crearon espacios atractivos que las familias de clase media estaban felices de habitar. Mientras tanto, las familias más pobres del reino se vieron obligadas a amontonarse más que nunca en los espacios sucios que les dejaban. Los barrios bajos se volvieron aún más sucios, con pozos negros abiertos marcando el espacio entre las manzanas de la ciudad que se desbordaban uno sobre otro. A pesar de los hallazgos

---

[32] Ibid.

de John Snow y Henry Whitehead, no se hicieron reparaciones ni en el pozo negro de Broad Street ni en ningún otro en Londres, Newcastle u otras ciudades industrializadas de Gran Bretaña. El cólera continuó asolando el reino hasta la década de 1860, mientras que el tifus y la escarlatina también afectaron a la población.

Henry Mayhew, un periodista popular de la época, escribiría sobre las pésimas condiciones que padecían los británicos más pobres debido a la extrema pobreza y a las insalubres condiciones. Al compartir la historia de una pobre alma que había perdido a su hijo a causa del cólera, escribió:

> En este momento su esposa está en el asilo padeciendo la misma aflicción. Lo único asombroso es que no todos están muertos, ya que cuando el hombre se sentaba a comer en su pequeña tienda, si apoyaba la mano contra la pared detrás de él, se cubriría con las inmundicias del retrete de su vecino que se filtraban a través de la pared. En la parte trasera de la casa había una alcantarilla abierta y los retretes estaban llenos hasta el asiento.[33]

Los datos científicos recopilados durante la epidemia de cólera no tenían precio para una pequeña colección de científicos, pero pasarían varias décadas antes de que el conocimiento de la epidemiología avanzara lo suficiente como para salvar vidas y se pudieran identificar los gérmenes. Si bien el campo de la medicina mejoraba paso a paso, la Gran Bretaña victoriana también se transformaba con una nueva manía: el saneamiento público.

---

[33] Mayhew, Henry. "Una Visita a los Distritos con Cólera de Bermondsey". *Morning Chronicle*. 23 de septiembre de 1849.

Capítulo 6 - La Revolución del Saneamiento

La reina Victoria era la cabeza del imperio más grande del mundo, y su ciudad capital era una de las más grandes de la historia. Londres era la envidia del mundo occidental y, sin embargo, sus calles estaban llenas de estiércol de caballo y el río Támesis estaba lleno de aguas residuales humanas. Con decenas de miles de británicos muriendo a causa de enfermedades cada año, Gran Bretaña ya no tenía una buena masa de población. Los hombres de clase media de la época vivieron un promedio de 45 años, mientras que sus contrapartes trabajadoras promediaban solo la mitad.[34]

En lugar de un programa de recolección de basura u obras centrales de alcantarillado, los hogares victorianos colocan sus desechos en un pozo negro. Se suponía que un pozo negro era un contenedor subterráneo cerrado; sin embargo, desafortunadamente, muchos de estos eran simplemente pozos abiertos. Aunque en el siglo XVI Sir John Harington había inventado una versión del moderno inodoro, (un regalo que le otorgó a la muy avergonzada reina Isabel I), no era de uso generalizado en la era victoriana. Los hogares hacían sus necesidades en un agujero en el suelo que se conectaba al pozo negro, o en un orinal que luego se vaciaría en el mismo agujero.

---

[34] Picard, Liza. ""Salud e Higiene en el Siglo XIX". *Biblioteca Británica* Web. 14 de octubre de 2009.

Durante la primera parte del gobierno de la reina Victoria, Gran Bretaña no tenía medios centralizados de recolección de basura o manejo de las aguas residuales. Los ciudadanos eran responsables de sus propios residuos domésticos, y lo mismo era cierto para las empresas. El río era el lugar más popular para que los individuos y los empleadores arrojaran los desechos personales e industriales, y se estaba volviendo más claro en términos de salud y ciencia moderna que ese tipo de comportamiento no podía continuar. El tema del saneamiento se debatió acaloradamente en el Parlamento británico, y en 1842, Edwin Chadwick publicó el *Informe sobre la Condición Sanitaria de la Población Trabajadora de Gran Bretaña*.

En su tratado sobre el estado de los hombres y mujeres comunes de Gran Bretaña, Chadwick propuso que el gobierno británico se hiciera cargo del saneamiento de la nación. Ese mismo año, se aprobó la Ley de Prevención de Enfermedades y Eliminación de Molestias para dar a las autoridades locales el poder legal para hacer frente a los posibles riesgos para la salud en sus distritos. Su autoridad incluía casas y edificios abandonados o sucios, pozos negros, ceniceros, canalones, zanjas, corrales de ganado y estiércol. La ley de 1846, que se amplió en la mencionada ley de 1848, que se promulgara sobre la base de la teoría del miasma y, por lo tanto, estaba relacionada con casi cualquier cosa que pudiera ofender fácilmente el sentido del olfato.

En el siglo XIX, la teoría del miasma de la enfermedad era la explicación más ampliamente aceptada para la propagación de la enfermedad. Basada en la idea de que las enfermedades se propagan en fétidos olores, el término "miasma" se refiere a una nube invisible de malos olores. Parecía bastante lógico: en los barrios bajos, el aire era fétido y asqueroso, y la tasa de mortalidad era alta. Los olores desagradables eran raros en las partes limpias y de clase alta de las ciudades de Gran Bretaña, y las enfermedades eran mucho más raras. En lo que respecta a muchos investigadores y miembros del público, era una teoría científica. Entonces, para luchar contra las nubes de malos olores plagados de enfermedades, los victorianos los atacaron con cada perfume y olor fuerte y aparentemente saludable del que pudieran echar mano.

En 1855, se estableció la Junta Metropolitana de Obras para abordar los problemas prácticos de la población de Londres en constante expansión y las dificultades de infraestructura relacionadas.[35] La Junta decidió que el problema más apremiante era la de los pozos negros abiertos y acordó proponer un sistema de alcantarillado para toda la ciudad que los trabajadores de la ciudad pudieran mantener. Los planificadores de la ciudad determinaron que era necesario que todos los hogares drenaran sus aguas residuales, y todas las alcantarillas en funcionamiento condujeran al Támesis. Sin embargo, la mayoría de los hogares no pudieron organizar el drenaje, por lo que correspondió a los consejos renovar la ciudad, distrito por distrito.

Cuando los malos olores eran demasiado para soportarlos, como ocurriera con el río Támesis en el verano de 1858, no había nada que hacer, excepto abandonar las instalaciones o la ciudad por completo. Después de un clima inusualmente cálido y una cantidad sin precedentes de aguas residuales sin tratar arrojadas al río, las Casas del Parlamento en Westminster estuvieron cerradas durante varias semanas hasta que pasó lo peor del hedor. Fue un período conocido como "El gran hedor"; se chismorreaba que las aguas del Támesis eran más nocivas que nunca, y propagaban la enfermedad a los tramos más lejanos de Londres.[36] La teoría de la enfermedad transmitida por el agua de John Snow se había popularizado e inspiró a la gente que podía permitirse el lujo, abandonar la ciudad u obtener agua de otros lugares, al menos durante el verano.

Mientras el sistema central de alcantarillado estaba en marcha, se emprendieron otros proyectos experimentales en un intento por

---

[35] Owen, David Edward. *El Gobierno del Londres Victoriano*. 1982.
[36] Ibid.

frenar el hedor y la inmundicia abrumadores de Londres. Uno de ellos fue un proyecto de pavimento de madera en Piccadilly, ubicado en el centro de Londres; fue rápidamente abandonado cuando los tablones absorbieron una cantidad tan asombrosa de orina de caballo que las calles apestaban a amoníaco. Además de esto, *The Illustrated London News (La Noticias del Londres Ilustrado)* comentó en 1846 que esos valiosos tablones de madera eran demasiado tentadores para los residentes que necesitaban combustible para el fuego o como materiales de construcción. Los tablones que aún no habían sido manchados por los miles de caballos de Londres fueron arrancados por ladrones. La pavimentación posterior permaneció casi exclusivamente en forma de bloques de granito o cemento.

Mientras tanto, la Junta Metropolitana de Obras quedó bajo la autoridad de Joseph William Bazalgette, su ingeniero jefe. Bazalgette trabajó incansablemente con William Haywood, un ingeniero, para diseñar y producir un sistema integral para las aguas residuales de Londres. La pareja se esforzó por crear un sistema central en el que se completara el drenaje de las aguas residuales de la ciudad mientras el Támesis permanecía limpio y adecuado como suministro público de agua. Tomaron en cuenta el drenaje de la tierra y destacaron que, dado que el Támesis era un cuerpo de agua mareomotriz, los desechos arrastrados por la corriente solo regresarían en la próxima marea.

La solución de Bazalgette a este problema fue una serie de bombas que se utilizarían para empujar las aguas residuales de Londres hacia el río en un punto en el norte y el sur que se extendía más allá de la sección de las mareas. Con este método, las aguas residuales podrían llegar al mar del Norte y ser descargadas por completo de Gran Bretaña.

Cuando Bazalgette y Haywood estuvieron seguros de su plan, lo anunciaron el 14 de marzo de 1865 durante una reunión de la Institución de Ingenieros Civiles. Edwin Chadwick discutió el plan en detalle con sus colegas, y finalmente se implementó el 4 de abril de ese año en la estación de bombeo Crossness. Una ceremonia oficial marcó la nueva era de las aguas residuales estatales, y fue presentada por un joven Alberto Eduardo, príncipe de Gales, hijo de Victoria y Alberto.

Capítulo 7 - Una Reina de Luto

Había una solemne razón por la cual el príncipe Eduardo representó a la familia real en lugar de sus padres en la inauguración de la Estación de Bombeo Crossness. El príncipe Alberto, el esposo de la reina Victoria, había muerto tres años antes en 1861, el mismo año en que la reina perdía a su madre.

La madre Victoria falleció en marzo, y su hija estaba afligida. A pesar de su relación tensa, la reina Victoria había pasado la mayor parte de su vida al lado de su madre y, como cristiana profundamente devota, Victoria probablemente se sintió en conflicto por la pérdida del único padre que había conocido. La monarca se puso de luto, y sus deberes públicos fueron asumidos por su esposo, Alberto. En ese momento, Alberto estaba bastante enfermo con una dolencia estomacal durante la mayor parte de dos años. Sus intensos calambres estomacales habían comenzado en abril de 1859, y se habían vuelto casi insoportables para cuando murieran su suegra y su tía.[37]

Durante el resto de 1861, Alberto continuó obstinadamente tratando de moderar las relaciones entre Gran Bretaña y los Estados Unidos de América a medida que las tensiones de la guerra civil estadounidense amenazaban con extenderse a Europa. Él y Victoria lucharon personalmente con los rumores que circulaban en la prensa británica de que su hijo Eduardo estaba involucrado

---

[37] Stewart, Jules. *Alberto: Una Vida* 2012.

sentimentalmente con una actriz irlandesa llamada Nellie Clifden. La relación causó un gran escándalo entre los rígidos victorianos, y fue particularmente angustiante para los padres reales del príncipe.

Eduardo había conocido a la actriz mientras estaba en Irlanda en un viaje con el ejército. Durante una noche en el campamento en las llanuras de Curragh, el príncipe recibió a Nellie como una visitante sorpresa en su tienda, y los dos pasaron la noche juntos. Cuando la reina Victoria escuchó la noticia, se sorprendió y escandalizó; ella creía que sus hijos solo deberían participar en compromisos formales con otros de su propia estatura. Mezclarse con personas que no eran de la aristocracia, y mucho menos tener relaciones sexuales con ellos, no era algo que el jefe de Estado de Gran Bretaña aprobara. El príncipe Alberto, gravemente enfermo, viajó directamente a Irlanda para darle a su hijo una severa conferencia sobre el tema de la propiedad.

Solo unas pocas semanas después, en diciembre, a Alberto le diagnosticaron fiebre tifoidea. Murió el 14 de diciembre de 1861 en el castillo de Windsor.[38] Victoria estaba devastada, y culpó al errante príncipe de Gales por empujar a su querido esposo a una tumba temprana a la edad de 42 años. La reina había trabajado duro para mantener un matrimonio fuerte y una relación positiva con el príncipe Alberto, entregando a su esposo muchos deberes reales y funciones administrativas para que él tuviera una participación personal en el funcionamiento del reino.

A pesar de sus esfuerzos, el príncipe Alberto había sido menospreciado por el hecho de que no fue nombrado rey de Gran Bretaña; Sin embargo, en 1857 Victoria lo nombró su príncipe consorte para permitirle una mayor autoridad dentro del reino.[39] En verdad, ella quería llamarlo rey consorte, pero el Parlamento británico no lo permitiría debido al hecho de que había nacido en el

---

[38] Wagner, John A. *Voces de la Inglaterra Victoriana*. 2014.
[39] Pergam, Elizabeth A. *Exposición de los Tesoros Artísticos de Manchester 1857*. 2017.

extranjero.[40] Victoria hizo todo lo que estuvo a su alcance para permitir que Alberto participara con autoridad en lo que era fundamentalmente su propio imperio. Ella amaba profundamente a su esposo, y su pérdida la llevó a lo que se convertiría en un estado de duelo permanente.

Después de la muerte de Alberto, Victoria se deshizo de toda la ropa que no era negra y durante el resto de su vida nunca usó otro color. Se encerró en sus habitaciones en el castillo de Windsor, donde la familia había vivido con frecuencia a lo largo de los años y donde había muerto Alberto. Hasta 1866 Victoria no apareció en público, ni siquiera en el Parlamento,.[41] Bajo las órdenes de la reina, las habitaciones privadas del príncipe Alberto en Windsor se mantuvieron como las había dejado. Todas las mañanas, incluso le traían agua caliente a las habitaciones tal como había hecho cuando Alberto estaba vivo. Las habitaciones se mantendrían como un santuario para Alberto por el resto de la vida de Victoria.

Personalmente, Victoria se escondía lo más posible de la vista del público. En los años posteriores a la muerte de su esposo, aumentó de peso, lo que probablemente también influiría en su deseo de que la vieran en público lo menos posible. La desaparición pública de la jefa del Imperio británico causó inquietud en el reino y sirvió para reforzar la causa de los republicanos británicos que pedían un gobierno independiente. Una facción de británicos que no había estado tan activa desde los días del depuesto rey Carlos I en siglo XVII, de repente comenzó a dominar una vez más en Gran Bretaña, y pronto se vio reforzada por el establecimiento de la Tercera República Francesa.

A las puertas del palacio de Buckingham, una persona desconocida colocó un letrero que decía lo siguiente: "Estas

---

[40] Ryan, Catherine. *La Reina*. 2018.
[41] "La Viuda de Windsor". *Royal Central*. Web.

imponentes instalaciones se pueden alquilar o vender como consecuencia de la declinación del negocio del fallecido ocupante".[42]

La reina no respondería oficialmente. Se retiró al castillo de Balmoral en Aberdeenshire, Escocia. En 1868, en la gran mansión aislada, Victoria construyó un edificio adicional llamado Glas-allt-Shield, que ella llamó Glassalt y proclamó que era su retiro de viuda. Allí, podría esconderse más fácilmente de la prensa y del público que incansablemente le pedía que regresara a Londres y se encargara de la administración del reino. En lugar de escuchar sus súplicas, permaneció en su mayor parte oculta, siempre vestida de negro, y predominantemente en compañía de sus hijos, su hija y su fiel sirviente, John Brown.

La relación de la reina con Brown ha sido objeto de muchas conjeturas, sobre todo porque Victoria mantenía un diario que había publicado en 1868 titulado *Nuestra Vida en las Highlands*. En todo momento, incluía relatos de John Brown, pero, por supuesto, el uso de "nuestro" en el título del libro era indicativo de la forma posesiva plural que siempre usaban los monarcas británicos; no, una referencia a "John y yo". No hacía referencia a una relación romántica, pero la relación familiar de la reina con Brown no podía dejar de ser cuestionada. Siempre estaban juntos, y algunos miembros del público llamaban a Victoria "Sra. Brown".

Hasta 1872, Victoria no se sentiría motivada para regresar a un estilo de vida más público momento en que organizaría exuberantemente las festividades de acción de gracias para celebrar la recuperación de su hijo después de un ataque de tifus.[43] El día de gracias, celebrado el 1 de mayo, también se celebraría en Canadá, donde el feriado se convertiría en una parte fija de su identidad nacional.

---

[42] Gardiner, John. *Una Era en Retrospectiva*. 2002.
[43] Jacobs, Arthur. *Arthur Sullivan*. 2018.

Capítulo 8 - Anatomía, Medicina y los Ladrones de Cuerpos

La queja sobre la escasez de cuerpos para la disección es tan antigua como la historia de la anatomía misma.

(James Blake Bailey)[44]

La era victoriana puede haber estado marcada por el ataque recurrente de enfermedades peligrosas y atemorizantes, pero también fue un panorama de inmensa modernización médica y científica. Los instrumentos y los métodos de fabricación finamente ajustados crearon herramientas científicas que podían medir datos con mayor precisión, incluidas lentes telescópicas y microscópicas más potentes. A través del microscopio, los científicos y médicos modernos vieron microcosmos completos que cambiaron la forma en que pensaban sobre el cuerpo humano y la enfermedad.

En las décadas de 1850 y 1860, un científico francés llamado Louis Pasteur realizó una serie de experimentos sobre la contaminación de la cerveza y el vino, que lo llevaron a a establecer los fundamentos de lo que se convertiría en la teoría de los gérmenes. Las investigaciones de Pasteur revelaron el papel de los microorganismos en la ingesta de bebidas alcohólicas, y esta investigación hizo que otros científicos consideraran seriamente cómo los gérmenes pueden actuar en otras

---

[44] Bailey, James Blake. *El Diario de un Resurreccionista*. 1896.

sustancias. Más tarde se le pidió a Pasteur que examinara el cólera en pollos, un proyecto que condujo a una nueva y notable comprensión del comportamiento de los gérmenes. El científico extrajo sangre de pollos enfermos y la usó para cultivar colonias de gérmenes que él creía que eran la causa de la enfermedad.

Planeaba usar los gérmenes para infectar aves sanas y de este modo probar la teoría de los gérmenes, pero se descuidó el primer lote de cultivos y se dejó debilitar antes de los primeros ensayos. Las primeras aves que recibieron los gérmenes parcialmente muertos no se enfermaron, y cuando se corrigió el error y se les dio un nuevo lote de gérmenes sanos, aun así, no mostraron signos de la enfermedad.[45] Sin embargo, el segundo lote de pollos, que no había recibido el lote debilitado del cólera, murió después de ser infectado con los gérmenes sanos. Pasteur y su equipo probaron accidentalmente la teoría de los gérmenes y también expusieron las reglas fundamentales de la inmunología. El proceso por el cual se creó la vacuna contra el cólera de pollo se llamaría atenuación.[46]

El trabajo anterior de Louis Pasteur con los pollos coléricos lo llevó a tratar de desarrollar una vacuna similar para la rabia. La rabia es una enfermedad grave que casi seguro es mortal, si se contrae sin un tratamiento inmediato. Se transmite de animales, generalmente perros o murciélagos, a través de su saliva cuando muerden a sus víctimas. Los animales infectados con rabia se vuelven violentos o letárgicos, pero, en cualquiera de los dos casos, babean en exceso y tienen problemas para tragar. Síntomas similares tipifican la infección por rabia en humanos. Los veterinarios victorianos no sabían cómo prevenir la enfermedad, pero entendían que los humanos contraían la rabia por las mordeduras de los perros infectados. En Gran Bretaña, los perros eran un miembro muy apreciado por clase alta, y su buena salud era importante para los dueños de mascotas, los criadores y los entusiastas de la caza.

---

[45] Reynoldson, Fiona. *La Medicina a Través de los Tiempos*. 2002.

Utilizando el mismo método de atenuación que había aprendido de los ensayos con el cólera en pollos, Louis Pasteur recolectó y cultivó gérmenes de la rabia del espinazo de conejos muertos infectados. Fue un método que utilizó gracias al trabajo continuo de su asistente, Pierre Paul Émile Roux, quien estaba estudiando cuánto tiempo los gérmenes de la rabia se mantenían con vida una vez que el anfitrión había muerto. Sus cultivos tuvieron éxito, y comenzó a trabajar con perros infectados y no infectados para determinar el mejor lapso para permitir que los gérmenes de la rabia se debilitaran antes de usarlos como vacuna. En 1885, le llevaron a Pasteur un niño llamado Joseph Meister que había sufrido muchas mordeduras de un perro rabioso.[47] Sabiendo que el niño moriría, probó su vacuna en Joseph. El niño vivió, y de este modo nacía la vacuna contra la rabia.

Mientras que los investigadores como Pasteur miraban hacia adentro de la sangre de sus pacientes para aprender más sobre la medicina, muchos otros miraban dentro del cuerpo para conocer los secretos de la salud y la enfermedad en la Gran Bretaña victoriana, los médicos eran muy necesarios y se entrenaban en el Colegio Real Cirujanos de Londres, la Honorable Sociedad de Boticarios o en la Facultad de Medicina de la Universidad Católica de Irlanda en Dublín. La Escuela de Medicina de Glasgow y la Escuela de Medicina de Polonia en la Universidad de Edimburgo atendían a una gran cantidad de estudiantes de medicina en Escocia, además de que había varias escuelas privadas y oportunidades de aprendizaje para los futuros científicos y médicos de la época.

Era importante que los estudiantes de medicina de Gran Bretaña, todos hombres, ya que a las mujeres no se les permitía inscribirse en estudios profesionales en las mejores escuelas del reino, entendieran el funcionamiento interno del cuerpo humano y, por esta razón, se aglomeraban en salas de conferencias y auditorios para presenciar autopsias. Estas autopsias eran realizadas por médicos profesionales

---

[46] Ibid.

[47] Reynoldson, Fiona. *La Medicina a Través de los Tiempos*. 2002.

en un esfuerzo por educar a los futuros médicos en anatomía humana. Las salas de conferencias estaban abarrotadas ya que estas lecciones cruciales eran raras, dado que solo podían realizarse en los cuerpos de criminales fallecidos o en cuerpos de personas no identificadas de la morgue. La Ley de asesinatos de 1751 había impedido que los cuerpos de los asesinos condenados fueran enterrados con otros ciudadanos británicos; sus cuerpos eran entregados a la ciencia médica[48]

En la época de la reina Victoria, la desesperación de los médicos y cirujanos por los cadáveres para fines educativos se había vuelto tan intensa que cada vez más investigadores compraban cuerpos misteriosos a ladrones de tumbas. Conocidos como resurreccionistas, estos ladrones de cuerpos aprovechaban el hecho de que los cuerpos enterrados no se consideraban legalmente propiedad. Para ellos, era técnicamente legal desenterrar cuerpos frescos del cementerio y venderlos a miembros de la escuela de medicina local.

La práctica disgustaba al público en general, pero mientras hubiera dinero para ganar, los hechos oscuros continuaron. Los miembros del clero estaban igualmente horrorizados por el continuo robo de feligreses recientemente enterrados, y las iglesias comenzaron a emplear guardias para hacer turnos nocturnos y ahuyentar a los posibles resucitadores, incluso construyeron torres de vigilancia para que se quedaran allí. Algunas familias compraron accesorios de hierro para colocar sobre las tumbas frescas de sus seres queridos para que fuera muy difícil para los ladrones de cuerpos hacerse con el cadáver. Muchas familias tenían una gran losa de roca, llamada piedra mort, que colocaban directamente encima de la tumba, y las familias más ricas construyeron casas mortuorias cerradas en las que sus queridos difuntos estaban encerrados a salvo de manos indiscretas.

No es sorprendente que Edimburgo estuviera bajo un fuerte ataque de los secuestradores de cuerpos dada la cantidad de escuelas

---

[48] "El Servicio de Educación Archivos Nacionales, Ladrones de Cuerpos". *Los Archivos Nacionales*. Web.

de medicina en la capital de Escocia. Allí, los resurreccionistas más famosos de la historia entraron en escena una década antes de que la reina Victoria asumiera el trono: eran William Burke y William Hare. Los dos irlandeses entraron por completo en el negocio por accidente cuando un hombre en la pensión de Hare muriera de hidropesía en noviembre de 1827.[49] Hare estaba más molesto por el hecho de que el hombre muerto le adeudaba 4 £ en alquileres atrasados de lo que estaba porque el cadáver estuviera en sus instalaciones. Lamentando la pérdida del dinero por su amigo Hare, la pareja pronto tuvo una idea para recuperar las pérdidas del propietario.

En el siglo XIX, un cuerpo nuevo era una mercancía valiosa y prácticamente todos en las ciudades de Gran Bretaña lo sabían. Burke y Hare se dieron cuenta de que tenían una rara oportunidad de capitalizar la muerte del hombre muerto, y tramaron un plan para aprovecharlo al máximo. Sin darse cuenta de que legalmente podían llevar el cuerpo directamente a una escuela de medicina, siempre y cuando no hubiera familiares que se opusieran (no había ninguno), la pareja convocó a la funeraria local para que le diera un ataúd y pusiera al hombre muerto dentro. El ataúd se cerró con clavos, e incluso se invitó a los vecinos a pasar y dar sus bendiciones al inquilino fallecido.

Una vez que los invitados se habían ido, Hare abrió la tapa del ataúd, sacó al inquilino y llenó el ataúd vacío con madera para que igualara el peso del cadáver. El ataúd fue enterrado, y la Escuela de Anatomía en la plaza del Cirujano 10 compró el cuerpo. Los irlandeses se fueron con 7£, 10 chelines en sus bolsillos. La bendición fue suficiente como para que se convencieran de omitir el paso de esperar a que muriera un inquilino y simplemente comenzaran a matar gente. Después de todo, los cadáveres más frescos valían aún más dinero.

---

[49] Gordon, R. Michael. *Los Infames Burke y Hare*. 2009.

Finalmente, Burke y Hare fueron capturados y juzgados. Aunque Hare fue absuelto por un tecnicismo, Burke fue condenado por asesinato. Lo colgaron e irónicamente, su cuerpo fue donado para su disección médica.

Capítulo 9 -Frankenstein, Horror y Ciencia Ficción

Con los cadáveres como un producto rentable, las autopsias públicas un gran espectáculo en todo el reino y los experimentos científicos en su punto más alto, no sorprende que la literatura de la época victoriana reflejara una perspectiva algo oscura, siniestra y modernista. Fue un momento emocionante para los lectores y novelistas británicos por igual, ya que los géneros nuevos e intrigantes comenzaron a abastecer los estantes de las librerías del reino.

Por supuesto, el amor por la literatura no era nada nuevo para la gente en Escocia, Irlanda, Gales e Inglaterra. Se habían enorgullecido de producir escritos de calidad durante siglos, desde los días de Geoffrey Chaucer, William Shakespeare y Alexander Hume. Durante el reinado de la reina Isabel I, de hecho, Inglaterra se reinventaría como una nación de escritores de teatro y mecenas del teatro. La Gran Bretaña de la reina Victoria, sin embargo, se centró en las novelas y la poesía de sus súbditos.

Para Mary Wollstonecraft Shelley, solo la historia más oscura y aterradora sería suficiente para las páginas de su manuscrito. Mary era la hija de una famosa pareja literaria, William Godwin y Mary Wollstonecraft. William era periodista, filósofo y autor, cuyas obras a menudo cuestionaban el statu quo del clasicismo victoriano. Mary la madre, fue una escritora feminista que publicó en 1792 *Una*

Reivindicación de los Derechos de la Mujer. Mary la joven, nació en 1797, y aunque su madre había muerto poco después de dar a luz, la niña fue alentada en sus inclinaciones literarias por su padre.

A los 17 años, Mary comenzó una tumultuosa aventura romántica con un poeta casado que admiraba el trabajo de su padre. Percy Bysshe Shelley era un joven aristócrata que patrocinaba a William Godwin, ansioso por ayudar al hombre que admiraba a lidiar con sus deudas. Cuando Percy se separó de su esposa y mostró interés en la hija de William, este no apoyaría su relación. La joven pareja, Percy de 22 años y Mary de 17 años, continuó en serio y se reunía en secreto en la tumba de la madre de la niña.[50] Según un rumor popular, Mary perdió su virginidad con Percy en el cementerio.[51]

Los dos mantuvieron un romance vertiginoso, durante el cual Mary se escapó de la casa de su padre y viajó con Percy a Europa continental para visitar la propiedad de nada menos que Lord Byron, un extraordinario poeta romántico. Ella se llamaba a sí misma "Sra. Shelley" a pesar de que la verdadera esposa de Percy vivía y aún no habían obtenido el divorcio. En 1816, su esposa abandonada, Harriet Westbrook, se suicidó, y Mary y Percy se casaron formalmente.[52] Su relación fue tumultuosa y marcada por los nacimientos y muertes de tres niños entre la pareja.

A lo largo de su convivencia y posterior matrimonio con Percy, Mary apoyaría la destreza poética de su esposo de todo corazón y por un tiempo descuidaría sus propias ambiciones de convertirse en autora publicada. Fue debido a una sugerencia de Percy en el primer año de su matrimonio, mientras visitaban a Byron y otros en una villa en Cologny, Suiza, en que cada persona presente escribe su propia historia de fantasmas. Así motivada, Mary Shelley comenzó su trabajo más notorio: *Frankenstein, o El Moderno Prometeo*.

---

[50] Spark, Muriel. *Mary Shelley*. 2013.
[51] Garrett, Martin. *Mary Shelley*. 2002.
[52] Buss, Helen M. et al. *Mary Wollstonecraft y Mary Shelley*. 2006.

Fue un producto de su tiempo, con la trama involucrando una multitud de cadáveres, estudios e investigaciones científicas, y una criatura aterradora cuya alma misma fue creada a partir de piezas de hombres muertos y una fascinante descarga de electricidad. La historia era una nueva fabulosa versión del modernismo victoriano y una historia clásica de la dolorosa relación del hombre con su creador. Mary hizo que Percy escribiera el prefacio del libro, y él se lo dedicó a su padre. Fue publicado de forma anónima, pero los lectores británicos supusieron que Percy Shelley era el autor, dada su clara participación.

Después de su muerte por ahogo en 1822, la conexión de Percy con el libro fue cuestionada más de cerca. Mary lo volvió a publicar en 1823 y 1831, y finalmente dio a conocer su autoría. Sostuvo que Percy intervino en la existencia del libro, pero parece más probable que su esposo simplemente actuara como editor de la obra. El libro fue bien recibido, y los críticos coincidieron en que era una muy interesante pieza de ficción contemporánea.

"¡Día odioso aquel en que recibí la vida!" Exclamé en agonía. ¡Creador maldito! ¿Por qué formaste un monstruo tan horrible que incluso te apartaste de mí con disgusto? Dios, en pena, hizo al hombre bello y atractivo, según su propia imagen; pero mi forma es un tipo sucio de la tuya, más horrible incluso por el parecido. Satanás tenía sus compañeros, compañeros demonios, para admirarlo y alentarlo; pero yo estoy solo y aborrecido".

Frankenstein no estaba solo en su nueva representación de los tiempos y su incorporación de principios científicos modernistas. La sociedad victoriana tenía una gran cantidad de emocionantes novelas para elegir, y además de historias de miedo, también estaban muy interesados en la ciencia ficción. En 1826, Mary Shelley produjo uno de esos, titulado El Último Hombre, una novela en la que el mundo futuro está lleno de peste. Aunque en ese momento esta novela en particular no fue un éxito, los autores inspirados aún acudieron a sus escritorios para escribir la próxima gran historia llena de ciencia, viajes e intriga.

En 1827, Jane Wells Webb Loudon publicó su propia contribución a los tiempos: ¡*La Momia!: O un Cuento del Siglo XXI*. Probablemente influenciada por el propio trabajo de Shelley, ¡*La Momia*! involucraba a un tipo diferente de monstruo reanimado corriendo como loco en un entorno futuro. Loudon publicó el libro como un medio para obtener un ingreso independiente después de la muerte de su padre. El libro fue admirado como una obra de ficción gótica antes de que el término "ciencia ficción" llegara al léxico contemporáneo. Los victorianos no solo tenían hambre de literatura sobre mundos futuros, ciencia modernista y horror, sino que tenían una afinidad particular por todo lo egipcio. Se convertiría en una obsesión duradera.

Capítulo 10 - Egiptomanía, Racismo Científico y el Canal de Suez

El interés por la historia egipcia tuvo un renacimiento en Europa occidental gracias a la era napoleónica en la Francia posrevolucionaria. En los últimos años del siglo XVIII, el dictador francés había hecho todo lo posible para hacerse de Egipto por la fuerza (aparentemente con el propósito de proteger a su pueblo y sus antiguos tesoros) pero sus intentos fueron detenidos por la impresionante armada británica. Gran Bretaña no podía permitir la ocupación enemiga en esa parte del mundo porque necesitaba mantener un acceso razonablemente fácil a la India. Fue un momento de increíble orgullo para Gran Bretaña, que no solo detuvo la implacable expansión de Napoleón en el continente, sino que demostró que Gran Bretaña sí tenía la armada más capaz de Europa.

Al igual que Alejandro Magno y Julio César lo estuvieron en su tiempo, Gran Bretaña y Francia estaban obsesionados con Egipto, y ambos estaban decididos a ganar un cierto grado de autoridad en esa región. La oportunidad se produjo cuando varias naciones comenzaron las discusiones para empezar a construir un canal a través del territorio egipcio que uniría el mar Mediterráneo con el mar Rojo y haría que la navegación de Europa al Medio Oriente fuera más fácil y rápida. Durante muchos años, la idea había estado dando vueltas en las mentes de los gobernantes y socios comerciales de Egipto, pero nunca se la había considerado como una opción seria.

El diplomático francés Ferdinand de Lesseps fue el ingeniero principal del proyecto. De acuerdo con él:

> El esquema en cuestión es construir un canal a través del istmo de Suez. Desde los primeros tiempos históricos habían estado pensando en esto, y por esa misma razón se lo considera como impracticable. Los diccionarios geográficos nos informan de hecho que, si no hubiera obstáculos insuperables, el proyecto se habría ejecutado hace mucho tiempo.[53]

El primer ministro británico, Benjamín Disraeli, estaba muy entusiasmado con el proyecto, y reclamó una parte del canal que debía completarse tan pronto como se presentara la oportunidad. Fue en 1875 cuando el soberano de Egipto hizo un llamado a las inversiones extranjeras. Después de obtener las acciones que controlaban el proyecto en nombre de Gran Bretaña, Disraeli le dijo triunfalmente a la reina Victoria: "¡Lo tiene, señora!"[54]

Las acciones en el canal de Suez, como todas las grandes propiedades de esa época, se ganaron con orgullo en nombre de la reina Victoria. La reina tuvo poco o nada que ver con la compra, pero la participación y la propiedad parcial de su país en la Compañía Suez significaba que los comerciantes que operaban en el Medio Oriente, India y, por supuesto, Egipto disfrutarían de viajes más rápidos y el paso gratis a través del nuevo canal. Además, Gran Bretaña podría encontrar una manera de gravar con impuestos al paso a los comerciantes de otras naciones.

También era una noción bastante romántica para la reina y la aristocracia de Gran Bretaña poseer un pedazo de Egipto. Una pieza formidable del antiguo imperio helenístico y luego del imperio

---

[53] Harlow, Barbara and Mia Carter (editores.) *Archivos del Imperio*. 2003.
[54] Citado por A. N. Wilson. *Los Victorianos*. 2002.

romano, Egipto generalmente se considera como una parte histórica de la fundación del mundo occidental. Filósofos y grandes pensadores como Pitágoras habían viajado a Egipto como parte de su búsqueda del conocimiento, y fue a través de este vínculo entre Medio Oriente y Europa que el mismo reino de Inglaterra había obtenido una gran comprensión científica. En un esfuerzo por vincular su sociedad con la del reino egipcio, que alguna vez fue todopoderoso, los británicos y otros europeos occidentales llegaron a intentar demostrar que los antiguos egipcios eran caucásicos y no africanos.

El color de la piel había significado relativamente poco en la historia temprana de Gran Bretaña, pero después de que los comerciantes portugueses del siglo XVII popularizaran la trata de esclavos africanos, la división entre blanco y negro se hizo más aguda. Gran Bretaña ya no estaba en posesión de esclavos después de la abolición de la práctica poco antes de que la reina Victoria ascendiera al trono, pero las creencias culturales sobre las diferencias entre las dos razas de ninguna manera se habían anulado. Los miembros blancos de la aristocracia tendían a creer que eran genéticamente superiores a sus homólogos negros, y muchos de ellos utilizaron "pruebas" científicas defectuosas para cimentar la superioridad que percibían.

Por supuesto, los victorianos en su mayoría blancos, carecían de la información genética moderna, por lo que intentaron demostrar su sesgo personal con la práctica de la craneología. La craneología era una herramienta de investigación un poco más avanzada que la frenología (el proceso de identificación de las características personales de uno basado en el examen espacial de la cabeza), y se basaba fundamentalmente en la medición de la cabeza. Charles Darwin fue un defensor de la craneología como una forma de clasificar a los primeros homínidos y distinguir las primeras especies entre sí. Con el mismo padre de la teoría evolutiva de acuerdo, no había impedimento alguno para que alguien con una inclinación por las técnicas modernas de investigación y un dispositivo de medición presentara innumerables teorías sobre el estado de la humanidad.[55]

Los datos fueron recopilados por varios científicos, incluidos el estadounidense Samuel Morton y el alemán Friedrich Tiedemann. Ambos tenían una vasta colección de cráneos humanos de diversos grupos étnicos, y sus hallazgos fueron similares en cuanto a que los cráneos diferían muy poco entre sí en términos de tamaño. Sin embargo, el sesgo cognitivo entró en juego, ya que Tiedemann utilizó sus hallazgos para apoyar la igualdad de derechos entre las razas, mientras que los informes publicados de Morton exageraron el tamaño relativo de los cráneos de los blancos.[56]

En cuanto a la gran pregunta sobre la raza egipcia, no se pudo acordar una respuesta adecuada, excepto que Egipto había tenido una gran influencia en el mundo occidental y que los británicos simplemente estaban fascinados por ella. Las personas ricas que podían permitirse el lujo de visitar el país exótico se subieron a bordo de barcos a vapor en dirección este, y a menudo regresaban a casa con recuerdos tan raros y maravillosos como una momia prehistórica. Sin embargo, las momias estaban lejos de ser raras en Egipto, lo que significaba que los comerciantes locales podían vender fácilmente los cuerpos de los antiguos muertos para obtener una buena ganancia. Era solo otra rutina del robo de cadáveres en busca de dinero en efectivo, y estos también podrían terminar como un espectáculo público.

Así como los cadáveres que fueron robados de los cementerios de Gran Bretaña se ubicaron bajo la atenta mirada de cientos de personas para ser abiertos y disecados, también los cuerpos momificados de Egipto fueron la atracción central de las llamadas

---

[55] Para medir la capacidad de los cráneos recolectados, Samuel Morton usaba granos de pimienta blanca.

[56] "Una nueva versión de la colección de calaveras del siglo XIX de Samuel Morton". *Penn Today*. Web. 4 de octubre de 2018.

"fiestas de desembalaje".[57] Algunas de estas incluso tuvieron lugar en los mismos auditorios para autopsias de las escuelas de medicina. Lentamente, las envolturas de lino se retiraban del viejo cuerpo de milenios, revelando joyas invaluables ubicadas en las capas antes de que el frágil y pálido cuerpo del hombre o la mujer preservados apareciera a la vista.

Lo que hizo que estos eventos generaran aún más suspenso fue el hecho de que la mitología egipcia y las historias de tumbas malditas eran populares entre los conocedores egipcios británicos. Era común que las tumbas egipcias estuvieran inscritas con jeroglíficos destinados a disuadir a los ladrones de tumbas y proteger el espíritu inmortal de la figura real enterrada en su interior. Siempre que los arqueólogos o los miembros de su equipo tuvieran accidentes o muertes prematuras mientras trabajaban en Egipto, los victorianos suponían rápidamente que se debía a una antigua maldición. Tales acontecimientos solo llevaron a un mayor interés en Egipto que solo aumentaría en el transcurso de la era victoriana.

---

[57] Nikolaidou, Dimitra. "La Gente de la Fiesta Victoriana Desenvolvía las Momias por Diversión". *Atlas Obscura*. Web. 23 de febrero de 2016.

Capítulo 11 – Cultos y la Iglesia de Inglaterra

La reputación de la reina Victoria en el Imperio británico era la de una monarca un tanto severa y estoica que estaba profundamente dedicada al cristianismo y al cultivo de una nación aburguesada. Había heredado una nación anglicana bajo el liderazgo de la Iglesia de Inglaterra, una pieza importante de la reforma religiosa del siglo XVI. Gran Bretaña no era católica ni protestante de la misma manera que muchas regiones alemanas y holandesas. A principios del siglo XIX, Victoria y la mayoría de su pueblo adherían a un sistema de creencias cristianas en la que Jesucristo era la figura central.

Los británicos respetables asistían a los servicios habituales de la iglesia y estudiaban la Biblia del rey Santiago, que había sido traducida y publicada por el rey Jacobo I de Inglaterra y Escocia. Publicada originalmente en 1611 por el hombre que heredara la corona de Inglaterra de la reina Isabel I, la Biblia del rey Santiago contiene 39 libros del Antiguo Testamento más 27 libros del Nuevo Testamento. Esta fue el fundamento del cristianismo británico durante siglos, y la versión del rey Santiago de la Biblia sigue siendo de uso popular hasta nuestros días.

A los católicos de Gran Bretaña se les permitía formalmente practicar su religión en el reino gracias al Acta de Emancipación Católica de 1829, pero su religión siguió siendo mucho menos popular que la del protestantismo británico.[58] Como los monarcas pasados habían usado este último para impartir esquemas sociales vitales en el reino, esos cimientos eran bastante sólidos. Los miembros del clero también desempeñaban un papel importante en la organización social. El sacerdote de una aldea era conocido como el párroco, y su responsabilidad era educar a la gente de la comunidad sobre los principios del anglicanismo. Los feligreses le pagaban los diezmos, que promediaban alrededor del diez por ciento de los salarios o ganancias.[59] Para la época de la reina Victoria, ya no era un requisito legal para los hombres que ocupaban cargos políticos hacer un juramento contra el catolicismo, pero los protestantes seguían siendo la mayoría. En la Gran Bretaña victoriana, las leyes que requerían que el pueblo asistiera a los servicios religiosos también habían pasado de moda en la Gran Bretaña victoriana, pero según un censo de 1851, el 40 por ciento asistía a los servicios semanales del mismo modo.[60] Lo cual equivalía a unos siete millones de feligreses consagrados.

La religión se estaba convirtiendo en una colección de nuevas filosofías y doctrinas, pero el cristianismo aún reinaba en el núcleo del reino de Victoria. La profunda reverencia que muchas personas sentían por la religión oficial de su nación era sincera e impregnaba obras de arte y literatura. La poetisa Elizabeth Barrett Browning, nacida el 6 de marzo de 1806, utilizó el cristianismo como un tema subyacente en su obra como una forma de entender y definir el mundo tal como ella lo veía. dijo: "La religión de Cristo es esencialmente poesía, poesía glorificada".[61]

> Queremos la sensación de la saturación de la sangre de Cristo sobre las almas de nuestros poetas, para que pueda

---

[58] "Emancipación Católica, Historia Británica e Irlandesa". *Enciclopedia Británica.* Web. 14 April 2019.

[59] "Religión a través del Tiempo en el Reino Unido". *BBC Bitesize KS3.* Web. 2019.

[60] Ibid.

[61] Lewis, Linda M. *El Progreso Espiritual de Elizabeth Barrett Browning.* 1998.

llorar a través de ellos en respuesta al lamento incesante de la Esfinge de nuestra humanidad, exponiendo la agonía a la renovación. Algo de esto se ha percibido en el arte cuando su gloria estaba al máximo. Un anhelo como este puede verse entre los poetas cristianos griegos, algo que habría tenido más trascendencia de haber tenido más talento.[62]

Browning, como muchos de sus contemporáneos, se dedicó tan singularmente al estudio del cristianismo que aprendió hebreo para leer la Biblia hebrea. Sus poemas están imbuidos de tonos y personajes de la Biblia del rey Santiago y la Biblia hebrea, y su conocimiento personal del cristianismo fue tal que también fue hábil en el debate teológico. Es improbable que Browning haya tenido pocos visitantes con quienes debatir y teorizar desde que su poesía fue publicada para que todos la leyeran. En "Sábado por la mañana en el mar", publicada por primera vez en 1839, el poeta describe un anhelo de escuchar la voz de Dios con más claridad.

La nave continuó solemne su rostro;

Para encontrar la oscuridad en lo profundo,

La solemne nave siguió adelante.

Me incliné cansado en el lugar;

porque las lágrimas de la partida y el sueño presente

Habían hecho que mis párpados se cerraran.

¡La nueva vista, la nueva vista maravillosa!

Las aguas a mi alrededor, turbulentas,

Los cielos impasibles sobre mí

Calmos en una luz sin luna, sin sol,

Tan glorificado incluso por la intención

¡De celebrar el día gloria!

Ámenme, dulces amigos, este día de reposo.

---

[62] Dawson, James William. *Los Hacedores del Inglés Moderno*. 1890.

El mar canta conmigo mientras vos rodáis lejos
El himno, inalterado,
Hincarme, donde una vez me postré para orar,
Y bendíceme profundo en tu alma
Porque tu voz ha fallado.

Aunque la creencia en la doctrina cristiana caracterizó a la Gran Bretaña victoriana en gran medida, se fueron los días en que uno tenía que adherir estrictamente a las leyes de la Iglesia de Inglaterra para evitar un castigo severo. Con la libertad de explorar otras opciones en términos de religión y espiritualidad, muchos victorianos buscaron otras formas de satisfacer sus ansias de verdades universales. Los cuáqueros construyeron una sociedad basada en la creencia de que Dios es una expresión de amor y que cada persona tiene algo de Dios dentro suyo. El cuaquerismo fue originalmente un grupo disidente del cristianismo protestante, pero a medida que evolucionó, algunos miembros dejaron de relacionarlo con el cristianismo. Los cuáqueros fueron uno de los primeros grupos no convencionales en aparecer en Gran Bretaña, y aunque tenían sus raíces en la filosofía religiosa del siglo XVII, la libertad religiosa de la era victoriana realmente les dio la oportunidad de desarrollarse como un nicho religioso.

Muchos otros espiritualistas también tuvieron la oportunidad de desarrollarse, y muchos fundaron organizaciones religiosas que eventualmente serían etiquetadas como cultos. En 1846, el reverendo Henry James Prince fundó el movimiento mesiánico Agapemonita. Prince había asistido a la universidad de teología en Gales antes de mudarse al condado inglés de Somerset para actuar como vicario de la aldea. Su posición requería que él actuara como una especie de asistente del párroco local, pero sus apasionados sermones y su creencia de que Jesús había renacido le ganaron muchos seguidores en el condado.

Prince fue destituido de su cargo en la Iglesia de Inglaterra cuando los funcionarios descubrieron que le estaba diciendo a los feligreses que lo adoraran como la encarnación viviente de Jesucristo. Sin embargo, continuó predicando en sus términos, fuera de las iglesias, y recolectó 30.000 libras esterlinas de oyentes entusiastas y cinco hermanas solteronas con grandes herencias.[63] Prince usó el dinero para comenzar su propia iglesia en el pueblo de Spaxton en Somerset y llamó a la comunidad "Agapemonita", que se traduce aproximadamente del griego como "Morada del amor".

La residencia principal era una lujosa casa de 16 dormitorios en la que Prince residía con varias mujeres y ningún otro hombre. Prince la hizo construir por un ingeniero que se había unido a la comunidad, y también encargó un alto muro de piedra para rodear a toda la comunidad. Los no miembros eran estrictamente excluidos a menos que el mismo Prince decidiera que podían ingresar a la aldea, y los que formaban parte de la secta dormían en viviendas solo para mujeres y hombres. En cuanto a Prince, cohabitaba con las mujeres que le gustaban y tenía relaciones sexuales con ellas en cualquier lugar que creyera conveniente. Aparentemente el líder tuvo relaciones sexuales con la virgen de 16 años Zoe Patterson en el altar de su iglesia, justo en frente de la congregación.[64] Zoe quedó embarazada y dio a luz a una niña llamada Eva, pero Prince condenaría a su hija como un "Niño Diablo".

Los seguidores de Prince creían que realmente era la Segunda Venida de Jesús, y que él era un ser inmortal; por lo que, su muerte en 1899 a la edad de 88 años probablemente fue algo confusa para ellos. Sin embargo, la membresía del culto siguió siendo lo suficientemente populosa como para que un antiguo clérigo de la Iglesia de Inglaterra, John Hugh Smyth-Pigott, disfrutara de tanta o

---

[63] Clark, Ross. "La Capilla de los Disturbios". Web. 16 de junio de 2004.
[64] Whelan, Andy. "Un nuevo libro levanta la tapa sobre el sórdido culto de Spaxton". *Bridgwater Mercury*. Web. 12 de enero de 2007.

posiblemente más devoción que su predecesor cuando se proclamara el nuevo Mesías.

Después de unas lucrativas décadas bajo Smyth-Pigott, los seguidores del culto disminuyeron a menos de 40 miembros en la primera parte del siglo XX, y los edificios de los Agapemonitas se vendieron en la década de 1950.

Capítulo 12 - Una Carta de China

Prácticamente no había lugar en el mundo en el cual el Imperio británico no fuera económicamente activo, y eso incluía las legendarias tierras secretas de China. Europa había deseado durante mucho tiempo las hermosas sedas, la porcelana fina y el delicado té producido en el este de Asia, pero en el siglo XIX había otro producto chino por el cual clamaban los victorianos: el opio.

El opio no era un producto nuevo en Gran Bretaña; La Reina Isabel I había encargado personalmente a los buques mercantes que lo compraran en India y lo trajeran a casa. En ese momento, el opio indio se procesaba en láudano, un importante medicamento utilizado para el dolor. El uso del opio se puso de moda para la medicina y para uso recreativo en otras partes del mundo, incluida China. Los comerciantes en posesión de opio indio encontraron un gran mercado en China, pero en 1729 el emperador chino Yongzheng declaró ilegal el uso recreativo del opio.[65] Con una licencia, aún se podía vender y obtener con fines medicinales.

Incluso en esas circunstancias, el mercado chino del opio se disparó. Cuando la Compañía británica de las Indias Orientales obtuvo el control de la plantación de adormidera de Bengala y Bihar, colocó a Gran Bretaña en el primer lugar de comercio entre Calcuta y China. En 1767, Gran Bretaña enviaba 2.000 cofres de opio a China

---

[65] "El opio a lo largo de la historia". *PBS*. Web. 1998.

cada año.⁶⁶ Gran Bretaña pronto tuvo el monopolio del comercio de opio, y la Compañía británica de las Indias Orientales capitalizó esto prohibiendo a sus propietarios en la India que vendieran opio a cualquier otra empresa comercial.

En un esfuerzo por frenar la adicción y el uso indebido del opio en China, en 1799 el emperador Kia King prohibió la droga.⁶⁷ No solo los chinos no podían comprar o usar la droga, sino que también tenían prohibido cultivarla y usarla con fines medicinales. Para evitar las repercusiones de la pérdida de ventas, la Compañía británica de las Indias Orientales obtuvo casi la mitad de todo el opio disponible en Turquía y lo vendió tanto en Europa como en los Estados Unidos de América.

Abrir un mercado más grande en América fue útil durante un tiempo, pero a medida que pasaba el tiempo, la demanda de opio en Gran Bretaña se hizo difícil de manejar. En 1830, casi 10.000 kilogramos (22.000 libras) de opio de India y Turquía iban directamente a Gran Bretaña, donde se usaba en medicina y para recreación personal.⁶⁸ Sin embargo, se necesitaba más para satisfacer el mercado, y los británicos estaban muy ansiosos por capitalizar la tendencia creciente. También estaban totalmente decididos a reingresar oficialmente al mercado chino, aunque ya se había establecido una red de contrabando saludable entre comerciantes y compradores chinos.

En 1839, el emperador de China Daoguang nombró a su asociado, Lin Zexu, jefe de una campaña antidrogas.⁶⁹ Lin Zexu tuvo la tarea de suprimir el movimiento del opio en el mercado negro hacia China, y comenzó este arduo trabajo contactando a líderes extranjeros cuyo propio la gente era responsable de traer las drogas a China.

---

[66] Ibid.

[67] Ibid.

[68] Ibid.

[69] Ibid.

El siguiente es un extracto de la carta del Comisionado Lin a la Reina Victoria:

Es solo nuestro honorable y poderoso emperador, quien por igual apoya y aprecia a los de la Tierra Interior, y los de más allá de los mares, que mira a toda la humanidad con igual benevolencia, que, si existe una fuente de ganancias en cualquier lugar, la difunde el mundo entero, quien, si el árbol del mal echa raíces en algún lugar, lo arranca para el beneficio de todas las naciones...

Usted, la reina de su honorable nación se sienta en un trono ocupado por generaciones sucesivas de predecesores, todos los cuales han sido calificados como respetuosos y obedientes. Al revisar los documentos públicos que acompañan el tributo enviado (por sus predecesores) en varias ocasiones, encontramos lo siguiente: "Toda la gente de mi país, que llega a la Tierra Central con fines comerciales, debe sentirse agradecida con el gran emperador por la justicia más perfecta, para el trato más amable" y otras palabras a tal efecto...

Todos los nativos del interior que venden opio, como también todos los que lo fuman, son igualmente condenados a muerte. Si volviéramos y tomáramos los crímenes de los extranjeros, quienes, vendiéndolos durante muchos años, han provocado una terrible calamidad y nos han robado una enorme riqueza, y los castigáramos con la misma severidad, ¡nuestras leyes no podían sino otorgarles absoluta aniquilación!

Hemos escuchado que en su país mismo el opio está prohibido con la mayor rigurosidad y severidad... esta es una prueba contundente de que usted sabe muy bien lo dañino que es para la humanidad. Desde entonces, usted no permite que perjudique a vuestro país, no debe transferir la droga perjudicial a otro país y, sobre todo, ¡cuánto menos al interior de la tierra! De los productos que China exporta a sus países extranjeros, de una forma u otra no hay ninguno que no sea beneficioso para la humanidad.[70]

Sin embargo, la reina Victoria no se movió para actuar en el mejor interés de sus pares. En lugar de aprovechar la oportunidad para establecer una cálida relación diplomática con China, la reina y su gobierno aprovecharon la debilidad que percibían del régimen de Daoguang. En la que fuera probablemente una inesperada respuesta, los británicos enfilaron sus buques de guerra a la costa de China.

Durante más de dos años, China y Gran Bretaña lucharon en la primera guerra del Opio de 1839-42. Las tropas británicas se adentraron en China continental y ocuparon Hong Kong, donde organizaron nuevas estrategias militares. La guerra culminaría con la derrota china en 1842, y los vencedores insistieron en un enorme pago y la transferencia de Hong Kong a manos de la reina.[71] El trato estaba hecho.

Después de la victoria en China, la reina recibió otra carta. Esta vez, venía del teniente general Sir Hugh Gough, a través de Lord Stanley.

DOWNING STREET, 23 de noviembre de 1842.

Lord Stanley, como su humilde deber, tiene el honor de presentar a su Majestad un despacho original del Teniente General Sir Hugh Gough, recibido esta mañana, que detalla los triunfantes éxitos que coronaron los esfuerzos de las fuerzas navales y militares de su Majestad en China, y del resultado completamente satisfactorio en la ejecución de un Tratado de Paz con el emperador de China, en términos altamente honorables para Su Majestad y ventajosos para este país…

En China, se puso fin al derramamiento de sangre con la firma de un tratado que ha colocado los dominios de su

---

[70] Comisionado Lin, Carta a la Reina Victoria 1839. *Universidad Fordham*. Web.
[71] Ibid.

Majestad en una posición nunca reconocida a favor de ninguna potencia extranjera, una posición de igualdad perfecta con el Imperio chino que ha obtenido una gran indemnización por el pasado, y una amplia seguridad para el futuro, y que ha abierto a las empresas británicas el comercio de China en una medida que es casi imposible de anticipar. Quizás le interese saber a Su Majestad que ya se están haciendo consultas en la ciudad para que los superintendentes de barcos intercambien directamente a Ningpo.

Lord Stanley se ha encargado de dar órdenes en nombre de su Majestad para disparar las salvas del Parque y la Torre en honor a estos gloriosos éxitos.[72]

Por lo tanto, el comercio de opio fue reabierto con China, al menos por el momento. Su uso continuó sin cesar en Gran Bretaña, donde en 1853, el Dr. Alexander Wood de Edimburgo inventó una forma de inyectar morfina por vía intravenosa.[73] El médico estaba muy entusiasmado al descubrir que cuando se administraba de esta manera, el fármaco surgía efecto al instante y era aún más potente. Se podrían realizar mediciones y dosis precisas de la morfina, haciendo que el uso medicinal del opio fuera mucho más seguro y científicamente sólido.

Para 1856, China todavía se resistía al tráfico de drogas a pesar de su tratado con Gran Bretaña, y los dos volvieron a la guerra, esta vez con el Imperio francés del lado de los agresores británicos.[74] La segunda guerra del Opio duraría poco más de cuatro años, y finalmente terminaría en octubre de 1860.[75] Los chinos fueron derrotados una vez más por sus enemigos europeos, y la

---

[72] Benson, Arthur Christopher (editor.) *Las Cartas de la Reina Victoria*. 1908.

[73] Ibid.

[74] Ibid.

[75] Imner, Nigel. *El León y el Dragón*. 2019.

administración se vio obligada a negociar un acuerdo. China pagó otra indemnización y la importación de opio se legalizó formalmente.

Las guerras del Opio resultaron en enormes ganancias comerciales para Gran Bretaña y otras naciones europeas, pero la cesión de Hong Kong a manos británicas aseguró que la cultura china también encontrara un lugar en la Gran Bretaña victoriana. La comida y la moda en el hogar se transformaron con colores brillantes, más sedas, hierbas chinas, frutas frescas y el uso del arroz como alimento básico. Fue otra victoria significativa para el insaciable Imperio británico.

Capítulo 13 - La Revolución Industrial

Si bien la Revolución Industrial no comenzó durante el reinado de la reina Victoria, sí culminó durante su gobierno. La embestida de las industrias a gran escala cambió el tejido económico local de Gran Bretaña, tomando la producción de bienes de consumo desde el hogar y colocándola en fábricas centralizadas. La producción artesanal tradicional de un solo artículo a la vez ya no era rentable, dado que no podía competir con la producción en masa en fábricas que utilizaban máquinas y herramientas motorizadas.

Se ha considerado a Gran Bretaña el lugar de nacimiento de la Revolución Industrial, y hubo varios factores que lo hicieron posible.[76] Los materiales que en ese momento eran tan cruciales para el desarrollo de la industria estaban fácilmente disponibles en Gran Bretaña. El carbón y el hierro estaban naturalmente disponibles para ser extraídos allí y enviados a las fábricas en desarrollo para su uso. Además, se podían tomar y enviar materiales de las muchas colonias británicas de todo el mundo, y eso fue una gran bendición para el desarrollo industrial de Gran Bretaña. Estas colonias no solo suministraban las materias primas a Gran Bretaña para convertirlas en productos, sino que además compraban los productos terminados. A

---

[76] Oliver, C. *Gran Bretaña*. 2001.

medida que la demanda de bienes aumentaba, también crecía la necesidad de una fabricación cada vez más industrializada.

Algunos de los mayores avances que se produjeron durante este período se basaron en la tecnología de máquinas de vapor, una invención que utilizaba la potencia física del agua sobrecalentada para alimentar una variedad de máquinas. Muy pronto, los motores eléctricos y los motores de combustión interna se utilizaron para impulsar nuevas máquinas y herramientas. La bombilla y el teléfono se desarrollaron y transformaron la vida cotidiana en los hogares de los ricos, las clases medias propietarias de fábricas y los lugares de trabajo de los pobres. En años posteriores, las luces eléctricas reemplazaron las luces de gas de las calles de las ciudades de Gran Bretaña.

La población de Gran Bretaña era preponderantemente rural hasta que los avances industriales expansivos crearon movimientos masivos de personas a las ciudades, los inmigrantes llegaban en busca de empleo formal en las fábricas.[77] Esta gran afluencia de trabajadores fue una buena noticia para los industriales, pero también significaría que las ciudades necesitaran más viviendas. Durante ese tiempo, las ciudades estaban muy pobladas con muchas áreas sucias y miserables. A medida que los migrantes ingresaban continuamente para encontrar trabajo industrial, se construyeron más viviendas de bajo costo para tratar de acomodarlos a todos.

No fue solo Londres la que se vio afectada por la Revolución Industrial. Liverpool, Manchester y Birmingham se transformaron completamente por la era de las chimeneas y el trabajo intensivo. Durante el reinado de Victoria, la población de Liverpool se disparó, con la mayor densidad de población en toda Gran Bretaña. Durante ese período la ciudad de Liverpool pasó de una población de 6000 a 80.000.[78] En estas ciudades, los propietarios de fábricas recientemente

---

[77] Mokyr, J. *La Revolución Industrial Británica: Una Perspectiva Económica.* 1999.

[78] Collard, I. *Centro de la Ciudad de Liverpool a través del Tiempo.* 2009.

enriquecidos estaban ansiosos por ampliar sus casas de estilo victoriano para reflejar su sentido de prestigio e importancia en el mundo. A lo largo del siglo XIX, los habitantes ricos de Liverpool construyeron monumentos, parques y estatuas que se convertirían en íconos de la ciudad.

La población de Manchester también explotó debido a estos avances industriales. La industria textil ya estaba bien establecida allí, ya que la máquina de vapor se había utilizado para operar fábricas de algodón durante varios años. Como ya jugaba un importante rol en la industria del algodón, los industriales de Manchester actualizaron sus fábricas con maquinaria más moderna, y la industria continuaría en auge. Otros negocios textiles prosperaron junto con la industria del algodón, y a mediados del siglo XIX, Manchester se conocía como "Cottonopolis" ("Algodonpolis").[79] En 1853 había hasta 108 fábricas de algodón en Manchester, y la ciudad estaba llena de almacenes de algodón.[80] La cultura de Manchester estaba dominada por los dueños de las fábricas en lugar de los aristócratas, que la diferenciaba de los gustos de Londres.[81]

En 1854, Henry Bessemer hizo el descubrimiento innovador de cómo convertir el hierro en acero.[82] El acero era mucho más fuerte que el hierro usado anteriormente y no tan pesado. Naturalmente, se convirtió en el material de elección para puentes y barcos. Los edificios también se hicieron más altos con la fuerza del acero como sus huesos. Por lo tanto, el acero fue una contribución importante a la Revolución Industrial en auge, y su producción se convirtió en una parte central de la industrialización.

Sin embargo, uno de los mayores avances industriales fue en el mundo de los textiles y la costura. La máquina tejedora multibobina

---

[79] Streat, R. and Luetkens, C. *Manchester: Los Orígenes de la Cottonopolis*. 1962.
[80] Dorling, D. *Salud Desigual: El Escándalo de Nuestros Tiempos*. 2013.
[81] Collard, I. *Centro de la Ciudad de Liverpool a Través del Tiempo*. 2009.
[82] Mooney, C. *Dentro de la Industria del Acero*. 2017.

se había inventado en la década de 1700 para producir múltiples hilos a la vez, y en 1827, en toda Gran Bretaña había más de 20.000. Samuel Crompton mejoró la máquina, y se desarrollaron y mecanizaron otras versiones tempranas de telares mecánicos para tejer telas. En 1846, Elias Howe patentó la máquina de coser que cambió la forma en que se confeccionaba la ropa y otros productos de tela, llevándolos a fábricas y fuera de las industrias artesanales poco confiables que se hacían en los hogares. La máquina de coser industrial significaba que la producción de prendas en grandes cantidades se podía hacer en una línea de producción en lugar de simplemente una prenda a la vez. También significaba trabajo remunerado para las mujeres, que en sí mismo era revolucionario en muchos sentidos.

Durante la Revolución Industrial, el ferrocarril en desarrollo también jugaría un papel importante en la forma de vida británica. Si bien los trenes de vapor ya estaban en funcionamiento, este período vio una gran expansión en la construcción de ferrocarriles modernos, ya que la gente tenía una gran necesidad de mover productos y materias primas entre fábricas y centros de envío. Por supuesto, los millones de personas en las ciudades industriales del país también necesitaban transporte, pero este era un problema que no se resolvería adecuadamente hasta la década de 1890. Hasta ese momento, no había un estándar de uso para las líneas ferroviarias, por lo que los rieles de una compañía no servían para los trenes de otra. Una vez que unificaron las líneas ferroviarias, el transporte de materiales y personas se aceleró considerablemente. Una vez que se puso en marcha, el ferrocarril británico fue el método más eficiente para llevar personas y mercancías de un lugar a otro.

La revolución industrial siguió y siguió, con nuevos inventos, innovaciones y soluciones todos los días. Aunque la nación intentó mantener en secreto todos los descubrimientos importantes, no pudo detener la inmensa creatividad e ingenio de sus vecinos y pares internacionales. Aun así, Gran Bretaña se mantuvo a la vanguardia de la revolución, mientras que la mayoría de los países europeos luchaban por ponerse al día.

Capítulo 14 - Desamparo y Pobreza

La Era Industrial hizo posible que personas de familias no aristocráticas se hicieran un nombre a través del capitalismo. Comprando una máquina, materias primas y un espacio de trabajo, muchas personas con solo unos pequeños ahorros podían obtener ganancias, y mediante la reinversión en el negocio, esas ganancias podían seguir creciendo. Los líderes de la industria ganaron tanto dinero produciendo cientos o miles de productos cada día que pudieron comprar tierras y construir almacenes, oficinas y viviendas para trabajadores, que transformaron por completo muchas de las ciudades de Gran Bretaña. Sin embargo, junto con toda la riqueza, vino una pobreza terrible.

Para aprovecharse lo más posible de sus empleados, los propietarios de fábricas victorianas pagaban una miseria, exigían largos turnos y no cubrían las facturas médicas relacionadas con el trabajo de sus trabajadores. Para las familias más pobres cuyos miembros tenían poca educación y habilidades laborales, el trabajo en la fábrica era la mejor o la única opción de empleo. A veces, familias enteras trabajaban para el mismo industrial, incluidos niños muy pequeños. Incluso una vez que se implementaron las leyes en el lugar de trabajo, los niños aún podían encontrar trabajo, y se les pagaba menos que a los adultos, aunque a menudo se esperaba que hicieran el mismo trabajo.

No todos los que podían encontrar algún tipo de empleo podían permitirse comprar una casa o inclusive alquilar una. Las casas de alojamiento comunes eran el dominio principal de tales personas, y tenían que pagar el alquiler nocturno o semanal por una cama o una pequeña habitación. Si los fondos se agotaban, los inquilinos tendrían suerte si podían encontrar un banco público para ocupar durante la noche. De lo contrario, tendrían que acurrucarse en una puerta o simplemente apoyarse en una tienda. En 1865, William y Catherine Booth crearon la Misión Cristiana para abordar el creciente problema de la pobreza, el desempleo y la falta de vivienda en la nación.[83] Establecieron albergues donde la gente podía dormir y servían comidas a aquellos que no podían permitirse el lujo de alimentarse. Se esforzaron por tener siempre una pava con agua hirviendo para que cualquiera que entrara en los albergues se pudiera preparar una taza de té caliente.

En cuanto a los niños que quedaban huérfanos, dormían en la calle durante un tiempo o los llevaba a un orfanato. Los orfanatos victorianos generalmente eran residencias superpobladas en las que muchos niños compartían camas, magras comidas y, en teoría, estaban matriculados en la escuela. En cualquier caso, la mayoría de los huérfanos encontraban empleo lo antes posible en asilo local, al igual que los hombres y mujeres indigentes. El asilo era una industria victoriana en sí misma destinada a aliviar la mendicidad galopante. Consistía en un espacio de trabajo o almacén en el que personas de todas las edades trabajaban, comían y dormían. Estas personas a menudo vivían al día, y las mujeres a veces recurrían a la prostitución para ganar algunas monedas adicionales por la noche.

Gran Bretaña había tenido algún tipo asilo en sus ciudades y pueblos durante siglos, pero gracias a una enmienda en 1834 a la centenaria Ley de Pobres, su existencia aumentó exponencialmente.[84]

---

[83] "Los Fundadores William y Catherine Booth. *El Ejército de Salvación Australia*. Web. 2019.

[84] Englander, David. *Pobreza y Reforma de la Ley de Pobres en Gran Bretaña*. 1998.

La enmienda restringía a cualquier persona sana de recibir apoyo financiado por el estado, por lo que cualquier persona que pareciera tener una salud razonable sería rechazada del apoyo de los organismos del gobierno local. En cambio, estas personas debían solicitar un puesto en asilo local donde se les proporcionaría un refugio, se las alimentaría, vestiría a cambio de su trabajo. La Nueva Ley de Pobres se promulgó con el fin de aliviar la carga financiera del gobierno en el cuidado de las multitudes sin precedentes de gente pobre y desempleada del reino.

Luego se convirtió en responsabilidad de grupos de parroquias locales construir un asilo y llevar a los indigentes locales a sus puertas. El gobierno whig del primer ministro favorito de la reina Victoria, Lord Melbourne, promovió este nuevo sistema. Los pobres de Gran Bretaña, un estrato social que sobrepasaba a todos los demás, se asustaron al pensar en el asilo, y lo vieron más como una sentencia de prisión que como un alivio. Hicieron todo lo posible para mantenerse fuera de sus garras, incluso si eso significaba recurrir al trabajo sexual o la actividad criminal.

Solo unos años después de que las nuevas leyes entraran en vigor, fueron objeto de un duro escrutinio por parte de uno de los autores más famosos de la época, Charles Dickens. De hecho, las descripciones de Dickens del asilo victoriano, en el que su personaje Oliver Twist encontraría empleo, son una de las principales razones por las que los ambientes de extrema pobreza e injusticia se describen como "Dickensonianos".

El siguiente es un extracto de *Oliver Twist*:

> Así que ellos establecieron la regla de que todas las personas pobres deberían tener la alternativa (porque no obligarían a nadie, ni a ellos) a morirse de hambre por un proceso gradual en la casa, o por uno rápido fuera. Con este punto de vista, se comprometieron a hacer las obras hidráulicas para disponer de un suministro ilimitado de agua, y con los productores de granos para suministrar

periódicamente pequeñas cantidades de avena, tres comidas de unas pocas gachas al día, con una cebolla dos veces por semana y media hogaza de pan los domingos. Establecieron muchas otras regulaciones sabias y humanas... bondadosamente promovieron el divorcio de gente pobre casada... en lugar de obligar a un hombre a mantener a su familia, como lo habían hecho hasta ahora, ¡lo alejaban de su familia y lo transformaban en soltero! No se puede decir cuántos solicitantes de socorro, bajo estas dos últimas directivas, podrían haber comenzado en todas las clases de la sociedad, si no se hubiera asociado con el asilo; pero la junta estaba constituida por hombres astutos, y habían previsto esta dificultad. El alivio era inseparable del asilo y las gachas, y eso asustaba a la gente.[85]

La Misión Cristiana de los Booth difería significativamente del asilo en que sus administradores no requerían que aquellos a quienes ayudaban se unieran a una fuerza laboral particular. Proporcionaban alojamiento a mucha gente que de otro modo estaría registrada en un asilo, y aunque los alojamientos para dormir eran una reminiscencia de ataúdes, la gente alegremente se apiñaba en ellos cada noche. Para 1900, la organización había servido 27 millones de comidas y acogido a 11 millones de personas sin hogar.[86]

---

[85] Dickens, Charles. *Oliver Twist*. 1839.
[86] "La Religión en Gran Bretaña a Través del Tiempo". *BBC Bitesize K3*. Web. 2019.

Capítulo 15 - Espíritus Victorianos y Espiritualidad

A medida que avanzaba la búsqueda de la ciencia, surgió a su paso una colección de coloridas pseudociencias. Los médicos y los anatomistas estaban deconstruyendo el cuerpo humano en busca de respuestas sobre cómo funcionaba, y los espiritistas buscaban formular sus respuestas con el uso de médiums. Las historias de fantasmas corrían desenfrenadas en olas etéreas a lo largo de las antiguas calles de Londres y Edimburgo, mientras que los espectros mismos se apiñaban en cada rincón oscuro. Multitudes de ciudadanos perfectamente normales se sentían atraídos por la llamada espiritualidad de los tiempos, contratando comunicadores personales para llamar a las almas de sus amados difuntos.

Incluso la reina podía haberse visto obligada a comunicarse con el príncipe Alberto a través de los servicios de un médium después de su muerte. Se ha sugerido que tal vez lo hizo, ya que se sabía que su sirviente John Brown había asistido a una o dos sesiones. Cuando Brown murió en 1883 por una infección de la piel que afectó sus piernas, la reina una vez más estaba inconsolable.[87] Escribiría sobre Brown:

---

[87] Shama, Simon. "Balmorality". *The New Yorker*. Web. 3 de agosto de 1997.

No pensaba más que en mí, mi bienestar, mi comodidad, mi seguridad, mi felicidad. Valiente, desinteresado, totalmente desinteresado, discreto al más alto grado, diciendo la verdad sin miedo y diciéndome lo que pensaba y consideraba "justo y correcto", sin adulaciones y sin decir lo que sería agradable si no lo creyera bien ... La comodidad de mi vida diaria se ha ido, el vacío es terrible, ¡la pérdida irreparable![88]

Con la reina afligida, tal vez por su amante o su mejor amigo, Gran Bretaña continuó con su fascinación por la muerte. Las sesiones de espiritismo aumentaron, los libros sobre el tema de la magia, la hechicería, la mitología antigua y los fantasmas aparecían habitualmente en las estanterías, y más victorianos eran arrastrados al mundo de los fantasmas y espíritus.

Alexis Vincent Charles Berbiguier de Terre-Neuve de Thym, un francés nacido en 1765, fue un destacado ocultista y demonólogo que trajo la noción de "duendes" a Gran Bretaña.[89] Escribió una vasta autobiografía que detalla sus ensayos en curso a manos de *farfadets* (criaturas del folklore francés), una pequeña criatura demoníaca cuyo nombre fue traducido al inglés como "hobgoblin" o "diablillo". De Thym escribió que cuando era niño había hablado con dos adivinos, y luego, los pequeños demonios lo acosaron por su indiscreción al interactuar con poderes de otro mundo. De Thym publicó sus historias personales aparentemente con la esperanza de poder advertir a otros que no siguieran su mismo condenado camino. De hecho, se publicó una advertencia flagrante dentro de sus mismos libros:

A TODOS LOS EMPERADORES, REYES, PRÍNCIPES Y SOBERANOS DE LAS CUATRO PARTES DEL MUNDO

---

[88] Baird, Julia. *Victoria la Reina: Una Biografía Íntima de una Mujer*. 2016.
[89] Bane, Theresa. *Enciclopedia de Demonios en las Religiones y Culturas Mundiales*. 2014.

Mis nobles señores,

Padres de las naciones, vosotros que representáis al Dios celestial de la paz y el consuelo en la tierra, unan vuestros esfuerzos a los míos para destruir el poder de los demonios, las brujas y los diablillos, que devastan a los infelices habitantes de vuestros países. Veis a vuestros pies al más desafortunado de los hombres; Los tormentos con los que he luchado durante estos veinticinco años son los mejores títulos que puedo soportar ante vuestra mirada paterna.

¡Ah! Las persecuciones diabólicas de los diablillos habrían terminado hace mucho tiempo en la Tierra, si uno de vuestros súbditos hubiera tenido el coraje de revelarlos a vosotros. Con el fin de desenmascararlos, os he dedicado mi trabajo, para que no seáis desatento a mis tormentos, y trabajéis para acabar con ellos ahora que los conocéis.[90]

De Thym se convenció de que el grupo de profesionales médicos con los que se reunía estaban aliados con los duendes y estaban decididos a trabajar en su contra; aunque era ampliamente considerado un loco, sus creencias sobre el rango de criaturas demoníacas demostraron ser convincentes para los miembros de la Gran Bretaña contemporánea. Esto no debería haber sido una gran sorpresa para el público en general, ya que los temas oscuros de demonología, brujería, adivinación, espíritus y fantasmas se estaban volviendo cada vez más populares entre los victorianos.

El tablero güija fue patentado por Elijah Bond en 1891, rogando aún más a la gente de todas las clases a llegar más allá del velo de la realidad y comunicarse con sus amados difuntos.[91] El invento fue inmensamente popular, y aunque muchos victorianos lo usaban para hablar con sus familiares perdidos, otros teorizaban que el tablero podría usarse para alcanzar dimensiones desconocidas o contactar

---

[90] De Givry, Grillot. *Brujería, Magia y Alquimia*. 1971.
[91] Robinson, Malcolm. *Los Monstruos del Lago Ness*. 2016.

demonios y espíritus malignos. El tablero asustó a algunos, pero siguió teniendo una demanda tan alta que si lo sacaban de la sociedad habría sido un esfuerzo inútil. Las ventas del tablero aumentaron durante la guerra cuando las familias en duelo intentaban lidiar con la pérdida repentina y violenta de sus jóvenes.

Las sesiones de fotografía se pusieron de moda entre ciertos círculos victorianos con multitudes de los llamados médiums creando reputaciones profesionales en la parte posterior de sus fotos falsas de fantasmas y ectoplasma. El ectoplasma se ha definido de diferentes maneras, pero una de las definiciones más aceptadas dice que la sustancia que se extrae del cuerpo de un médium mientras él o ella se encuentran en trance y se conectan con el mundo espiritual. Esta sustancia era una parte importante de las sesiones de fotografía, y también debía incluirse cuidadosamente en cada sesión.

Para alejar a los curiosos asistentes a la sesión que podrían querer tocar el llamado ectoplasma, los médiums les decían a sus clientes que tocar la misteriosa sustancia podría ser fatal. Esto dejó a los artistas espirituales suficiente espacio para armar cualquier accesorio, pero, por supuesto, las luces de la casa también deben apagarse y apagarse las velas para que funcionara cualquier conexión con los espíritus. En la oscuridad de muchos salones victorianos, los médiums sorprendieron hábilmente a sus clientes con fantasmas de sábanas blancas, guantes de peluche para empujar a las personas sentadas a la mesa e incluso bebés fantasmas de peluche dispuestos expertamente en un palo que estaba oculto por largas faldas.[92]

Fue una oportunidad extraña y lucrativa para las mujeres de la época encontrar empleo y cultivar una reputación respetable entre los círculos ricos. Cuanto más convincente fuera la teatralidad, más referencias se obtendrían para hacerlas en otros hogares. Los victorianos se entusiasmaron con la idea de hablar con sus cónyuges, hijos y familiares perdidos que a veces estaban tan desesperados por

---

[92] Hooper, Mary. "Médiums victorianos productores de ectoplasma: ¿Monstruos o Simuladores?" *The Guardian*. Web. 28 de octubre de 2011.

hacer contacto que pagaban sumas inmensas de dinero para tener un médium en su casa. Cualquier persona con una personalidad y una actuación creíble podía ganar un excelente dinero en el circuito de la sesión, pero, por supuesto, había una subsección completa de la sociedad victoriana que realmente creía en la capacidad de los médiums para conectarse con los espíritus de los muertos. Es difícil, si no imposible, determinar si hubo o no psíquicos y médiums genuinos operando en los salones de la Gran Bretaña victoriana.

Las sustancias sobrenaturales falsas tampoco fueron los únicos fenómenos oscuros que arrasaron la nación de Victoria. La fotografía de la muerte era una forma nueva y socialmente aceptable para que los miembros de la familia recordaran a sus seres queridos fallecidos, y gracias a la nueva industria, los fotógrafos podían ganarse la vida con fotos de cadáveres. La primera forma exitosa de fotografía a gran escala se llamó daguerrotipo, en el que una pequeña foto se revelaba detallada en plata pulida. No era barata, pero era menos costosa que encargar un retrato pintado. A medida que la forma de arte se hizo más popular, los fotógrafos aprendieron cómo procesar fotos en otros tipos de metales que eran menos costosos, así como en vidrio y papel.

La fotografía era cada vez más asequible para los victorianos de clase media, pero aun así se aseguraban de vestirse con su mejor ropa cada vez que reunían a la familia para una sesión de fotografía. Era inusual que los sujetos de una fotografía sonrieran, pero no siempre, especialmente en fotos grupales. Incluso en las fotos de la muerte con los serenos cadáveres de niños pequeños, nadie parecía sentirse incómodo o particularmente malhumorado. Las fotos de la muerte eran una forma común de conmemorar a toda la familia antes de que uno o más miembros de esa familia fueran llevados a la morgue.

Identificar al miembro muerto de la familia en una foto post mortem podía ser más difícil de lo que uno podría imaginar, porque esa persona a menudo estaba dispuesta para parecer dormida en la cama o tomando una siesta en una silla. No obstante, a veces, la colocación del cuerpo era más natural y realista. Sin embargo, todavía es posible discernir qué persona en esas fotos está muerta debido al tiempo que llevaba el proceso de fotografía. Debido a que se necesitaban varios segundos para que la cámara captara suficiente luz, las personas vivas se balancearían y se moverían ligeramente. Los muertos permanecían perfectamente quietos, y sus semejanzas salían con más nitidez.

Capítulo 16 - Una Navidad Victoriana

Antes de la muerte del príncipe Alberto, la reina Victoria y los hijos reales celebraban la Navidad juntos en el castillo de Windsor. La cena y las decoraciones eran lujosas y multiculturales, incluida la tradicional cena inglesa asada y la tradición de Alemania de traer un árbol dentro de la casa. La familia Gotha de Hannover y Sajonia-Coburgo celebraba la Navidad con estilo, al igual que sus predecesores desde los días del rey Enrique VIII.

Los reyes y reinas medievales tendían a celebrar la Navidad con fiestas, actos musicales y, en el caso de Isabel I, con producciones teatrales. Con la popularidad de "*Un Cuento de Navidad*" de Charles Dickens en 1843, los británicos sintieron su renovado sentido de espíritu festivo durante los meses de invierno y buscaron inspiración en Victoria y Alberto sobre la mejor manera de celebrar. Fue el príncipe consorte quien hizo una de las contribuciones más duraderas a la Navidad británica cuando llevara un pino dentro para decorar las fiestas al estilo de su familia alemana. La realeza tuvo un árbol de Navidad por primera vez en 1840, pero fue un retrato navideño de la familia real con su árbol festivo en 1848 lo que realmente comenzó la moda.[93]

---

[93] Flanders, Judith. "Navidad Victoriana". *Biblioteca Británica* Web. 15 de mayo de 2014.

Un retrato grabado de la familia real de ese año mostraba un gran árbol de pino perfectamente estructurado en el centro, adornado con pequeños juguetes y objetos festivos, iluminados por docenas de pequeñas velas blancas. La reina Victoria estaba retratada en el extremo izquierdo, en gran parte tapada por su hija mayor, la princesa Victoria, quien llevaba un hermoso vestido rosa y blanco con una bonita tiara. Cinco niños más se apiñaban alrededor del frente del árbol, que lucía majestuoso sobre una alta mesa, mientras el padre se inclinaba desde la derecha. Debajo del árbol había una colección de muñecas, payasos, trenes y juguetes. Era una imagen de regalía, alegría y tradición, y el público se la tragaba.

Mientras la realeza y sus invitados se daban un festín para Navidad, la mayoría de los británicos celebraban el nacimiento de Jesús de una manera algo menos opulenta. Las familias de clase media, como aquellas cuyos miembros tenían algo de educación y podían encontrar empleo como médicos, comerciantes, abogados, empleados u otros puestos administrativos, podían permitirse comer cerdo, carne de res y una variedad de pescados y mariscos. El pan integral era un alimento básico, que generalmente se consumía por la mañana con una buena dosis de manteca o salsa de carne. Sin embargo, para la fiesta de Navidad, el ganso asado era la atracción.

Fue durante el reinado de Victoria que la Navidad se comercializó en gran medida con comerciantes que ofrecían árboles de Navidad, decoraciones navideñas y un invento de nuevo cuño llamado tarjeta de Navidad. John Calcott Horsley diseñó la primera tarjeta de Navidad comercial en 1843.[94] Era una tarjeta pequeña, más parecida a la postal moderna que a las tarjetas navideñas del siglo XXI que se pliegan en el medio y se mantienen solas. Captaron la idea rápidamente y pronto estuvieron disponibles para una variedad de ocasiones.

---

[94] Mattern, Joanne. *Celebra la Navidad*. 2007.

Los dulces se convirtieron en otro elemento básico de las fiestas de Navidad cuando Tom Smith tuvo la simple idea de un dulce regalo envuelto en papel y lo transformó en la galleta de Navidad. Smith, un pastelero, llenaba sus envoltorios de papel con una variedad de dulces y diseñaba el paquete para que se rompiera cuando se abriera. Su invento llegó al mercado en 1848, y desde entonces se ha fortalecido.[95]

Una vez que la reina Victoria saliera de la etapa más profunda de duelo por su esposo muerto, comenzó a organizar lujosas Navidades una vez más en la Casa Osborne en la Isla de Wight. Durante esas celebraciones en 1894, Victoria invitó a un grupo de dignatarios internacionales y preparó una gran fiesta para ellos. El menú real de Navidad consistía en no menos de 18 platos:

* consomé de cabeza de ternera adornado con trufas, crestas de gallo y champiñones

* sopa de zanahoria con apio y jamón

* salmón con salsa holandesa

* filetes de lenguado fritos con mantequilla de estragón

* faisán en puré

* rosbif con pudin de Yorkshire

* pavo y castañas estofadas

* lomo de cerdo

* espárragos en salsa blanca

* pastelillos

* pudin de ciruela

* natillas en gelatina con sabor a naranja

* barón de ternera

* cabeza de jabalí

* pastel de caza

---

[95] Wade, John. *Los Ingeniosos Victorianos*. 2016.

* queso de cerdo
* pastel de Woodcock
* terrina de foie gras[96]

El quinto plato de faisán en puré se adornaba lujosamente con trufas aderezado con una salsa hecha de tomate, queso, jamón, lengua en escabeche y macarrones. Algunos de los platos eran regalos de los invitados, como la cabeza de jabalí presentada por el nieto de Victoria, Guillermo II, emperador de Alemania.[97] Estas reuniones familiares consolidaron un fuerte vínculo familiar entre los hijos reales adultos y su madre, y el evento anual recordaba a los ciudadanos del reino de Victoria su firme creencia en el cristianismo y su lugar al frente de la Iglesia de Inglaterra. La Navidad se convirtió en un momento para reunirse con los seres queridos, regocijarse con el nacimiento de Cristo y reflexionar sobre las bendiciones del año.

En la famosa novela navideña de Charles Dickens, *Un Cuento de Navidad*, una serie de encuentros espirituales inspira al carismático Ebenezer Scrooge a abrazar la bondad de las festividades. La transformación de Scrooge dio tanta alegría a los lectores victorianos que la historia se contaba una y otra vez cada año:

> Honraré la Navidad en mi corazón e intentaré mantenerla todo el año. Viviré en el pasado, el presente y el futuro. Los espíritus de los tres se esforzarán dentro de mí. ¡No excluiré las lecciones que enseñan![98]

---

[96] "La Reina Victoria sirve la cena de Navidad "Sobras". *Menús Reales* Web.
[97] Ibid.
[98] Dickens, Charles. *Un Cuento de Navidad*. 1843.

Capítulo 17 – Los Victorianos en la Evolución

Con la doctrina cristiana aún en el centro de la educación juvenil, no hubo una gran cantidad de búsquedas científicas sobre los orígenes de las plantas y los animales, o la Tierra en general, para el caso. Charles Darwin estaba a punto de cambiar todo eso. Asistía a la escuela de medicina en la Universidad de Edimburgo, que le despertó el interés por las investigaciones biológicas de Jean-Baptiste Lamarck. El biólogo francés tenía algunas interesantes ideas sobre las etapas de la vida de los animales, y dedicaría gran parte de su investigación a ayudar a probar la teoría de la transmutación.

Otros científicos habían pensado mucho en la posibilidad de que las especies de animales cambiaran con el tiempo, pero tendían a usar el término "transmutación" para describir ese proceso. En siglos anteriores, la transmutación describió el proceso teórico mediante el cual los metales se transformaron en oro, un proceso que resultaría no ser posible. En términos de especies animales, Lamarck creía que se crearon otras nuevas espontáneamente en la naturaleza. Utilizó el término "generación espontánea" y postuló que estas nuevas especies no estaban relacionadas con las existentes. De hecho, Lamarck y sus partidarios creían que especies como gusanos o pulgas podrían surgir espontáneamente de formas de materia completamente inanimadas, como el polvo.[99]

Lamarck apoyaba sus teorías con sus propios datos, incluidos los de las ranas que aparentemente se generan espontáneamente en Egipto. El investigador sabía que el Nilo egipcio anualmente inundaba sus orillas y las tierras circundantes, convirtiendo la tierra seca en barro. Poco después, el barro estaría infestado de ranas, aunque de antemano no hubiera ranas en el área. Por lo tanto, los datos parecían demostrar que las especies de ranas probablemente se generarían espontáneamente en aguas fangosas. Por supuesto, la investigación de científicos posteriores mostraría que los organismos vivos solo pueden provenir de otros organismos vivos. Eran los renacuajos en el Nilo los que continuamente llenaban de ranas la tierra inundada.

Para Charles Darwin, muchos de los principios de la transmutación le parecían ciertos. Muchas especies de insectos y roedores parecían aparecer a partir de material muerto, como los gusanos de la carne podrida. Además, los cambios en una especie parecían transmitirse de rasgos específicos en la madre o el padre. Muchos científicos victorianos, incluido Lamarck, confiaban en la creencia de que un animal podría aprender o desarrollar rasgos en el transcurso de su vida y transmitirlos a su descendencia. Por ejemplo, una especie original de jirafa de cuello corto podría desarrollar un cuello largo durante varias generaciones de estirarlo hacia árboles más altos. Lamarck postuló que cuanto más un animal usara una parte del cuerpo en particular, más grande se volvería, gracias a un "fluido nervioso" que se precipitaba en el órgano para causar el crecimiento.[100]

Como estudiante de medicina, Charles Darwin se unió a un amigo en un viaje por el océano a bordo del HMS *Beagle* a las remotas Islas Galápagos de Ecuador. Ubicadas a casi 1000 kilómetros (621 millas) de la costa oeste de América del Sur, las Islas Galápagos eran el hogar de diversas especies de

---

[99] Ball, Philip. *Hecho por el Hombre: una Historia de Vida Sintética.* 2006.
[100] "Los Primeros Conceptos sobre la Evolución: Jean Baptiste Lamarck".

plantas y animales que Darwin estudiaría de cerca. Los investigadores descubrieron que muchos de los mismos tipos de animales habitaban la colección de islas, pero en cada isla, se habían adaptado a sus entornos de una manera ligeramente diferente.

Varias variedades de pinzones, presentes en todas las islas de Galápagos, tenían picos variados. Cuando escribía sobre sus años en el mar viajando por las islas a bordo del HMS *Beagle*, Darwin describiría la variación de los picos de los pinzones, reconociendo que cada uno era el más adecuado para la fuente principal de alimento del ave.

Viendo esta gradación y diversidad de la estructura en un pequeño grupo de aves íntimamente relacionado, uno podría realmente imaginar que, a partir de una escasez original de aves en este archipiélago, una especie había sido capturada y modificada para diferentes fines.

Como un entusiasta estudiante de la teoría de la transmutación de especies, Darwin buscó pruebas de las ideas de Lamarck sobre las especies que encontraría durante su tiempo en las Islas Galápagos. Sin embargo, en lugar de descubrir una forma de apoyar la generación espontánea, a Darwin se le ocurrió su propia idea innovadora: la selección natural. Postularía que, si una especie de pinzón había llegado a las Galápagos algún tiempo antes que él, los variados factores ambientales en juego en cada isla podrían haber sido el factor determinante en la evolución de las aves. Un grupo de pájaros, incapaces de encontrar comida excepto en el corazón de una flor profunda, puede haber cambiado a lo largo de las generaciones para lucir un pico más largo y delgado. No era el pájaro el que provocó el cambio; fue el ambiente el que permitió a las aves con los picos más largos y delgados sobrevivir y reproducirse.

Darwin reflexionaría sobre sus hallazgos durante muchos años antes de comenzar a compilar sus estudios, dibujos y datos en un manuscrito completo. Ese libro se convertiría en su obra más famosa:

Sobre el Origen de las Especies. El libro se publicó en 1859 e inmediatamente llegó a manos de científicos, investigadores y personas curiosas en Gran Bretaña, Europa y América del Norte. Como explicaría el autor en *Sobre el Origen de las Especies*, la selección natural es un proceso que permite a los animales mantener ciertos rasgos físicos cuando esos rasgos son beneficiosos.

En solo unas pocas décadas, muchas sociedades científicas aceptarían los hallazgos de Darwin y los utilizarían como base para seguir estudiando la evolución. Sin embargo, hubo muchos miembros piadosos de la Iglesia de Inglaterra, la Iglesia católica y otras religiones que veían el trabajo como bárbaro. Hubo algunas razones por las cuales la teoría de la evolución molestó a los cristianos, incluido el hecho de que sus ideas no son bíblicas. Además, si uno extrapolara los datos de Darwin y conectara todas las especies con especies anteriores, los humanos y las llamadas formas de vida inferiores eventualmente se encontraría en el árbol genealógico evolutivo, y eso no era algo que la mayoría de la gente estuviera dispuesta a aceptar.

Charles Darwin de ninguna manera se propuso perturbar la paz mental de sus correligionarios británicos que creían en las palabras literales de la Biblia cristiana; sin embargo, su investigación y opiniones sobre la historia de las criaturas vivientes de la Tierra molestaron a mucha gente. La misma esposa de Darwin, Emma, haría un viaje de carácter filosófico junto a su esposo mientras él ponía sus estudios por escrito y entendía los datos. Emma era una unitarista con puntos de vista bastante abiertos sobre la espiritualidad y la religión, y antes de casarse con Charles, los dos discutieron las posibilidades de otros tipos de espiritualidad, incluida la idea de que tal vez ninguna enseñanza religiosa contuviera ninguna verdad.

Darwin se dio cuenta de que sus teorías eran controvertidas, pero no abrió juicios ni afirmaciones acerca de la religión o el papel del Dios cristiano en la formación de la vida en la Tierra. En cambio, trató de calmar a aquellos que potencialmente encontrarían la teoría de la evolución blasfema. En su libro más famoso, Darwin sugirió que no había razón para separar la evolución de la creencia de que un creador todopoderoso primero dio vida a nuestro planeta:

> Hay grandeza en esta visión de la vida, con sus diversos poderes, habiendo sido originalmente inspirada por el Creador en algunas formas o en una; y que, si bien este planeta ha seguido su ciclo de acuerdo con la ley de gravedad fija, desde un principio tan simple, las formas más hermosas y maravillosas han estado y están evolucionando.

A lo largo de su carrera, Charles Darwin se volvió agnóstico mientras persistía la conexión de Emma con la Biblia. Sin embargo, ella insistió en que mientras su esposo tratara sinceramente de perseguir y explicar la verdad del mundo, entonces él debía estar en lo correcto en sus teorías científicas. Emma debe haber luchado en su interior con la creencia de su esposo de que la vida en la Tierra era una serie de procesos evolutivos, pero seguía apoyando la carrera de Charles. Emma incluso actuaría como editora parcial de *El origen de las Especies*. Preocupada de que algo pudiera pasarle a su esposo y que se muriera con un libro tan importante aún inédito, Emma hizo lo que pudo para preparar el documento para imprimir. Afortunadamente, el libro llegó a la imprenta con tiempo suficiente, y tanto Emma como Charles pudieron ver su inmenso impacto en el mundo.

Capítulo 18 - Locura, Histeria y Masturbación

A medida que las ciencias físicas se desarrollaban en manos de conocidos médicos como Friedrich Tiedemann, Thomas Savery y Edward Somerset, las ciencias mentales y médicas también adquirían una forma más organizada. El psicoanalista austriaco Sigmund Freud provocó un revuelo con sus teorías sobre la psicología humana, específicamente la suposición general de que casi todos los aspectos de la personalidad y el comportamiento estaban vinculados a los genitales de uno.

Freud fue solo uno de los muchos conductistas que creían en una enfermedad que llamaron "histeria"; era una enfermedad que parece haber involucrado docenas de síntomas que solo se atribuían a las mujeres. Según el Diccionario de Oxford, la histeria es "un término anticuado para un trastorno psicológico caracterizado por la manifestación del estrés psicológico en síntomas físicos (somatización) o un cambio en la autoconciencia (como un estado de fuga o amnesia selectiva)".

Basado en las reflexiones de los antiguos griegos como Platón, los psicoanalistas contemporáneos creían que la histeria se relacionaba específicamente con el útero. Convencidos de que el útero de una mujer era capaz de flotar sobre el cuerpo sin una ubicación fija, las mentes de los médicos más lúcidas de la época se dedicaron a la tarea de llevar a miles de úteros errantes de regreso a su sitio para descansar de manera segura.[101]

Concluyeron que la causa de la enfermedad, conocida como histeria en todo el mundo occidental en el siglo XVIII, era la falta de relaciones sexuales. Los griegos creían que el tratamiento apropiado para la histeria era estornudar vigorosamente y colocar pociones de buen olor cerca de la vagina y olores desagradables cerca de la boca, para atraer al útero de la parte superior del abdomen y volverlo a la parte inferior.[102] Este tratamiento tenía sus raíces en textos egipcios que los médicos griegos copiaron.

Los teóricos victorianos tenían una idea diferente sobre cómo tratar mejor el aparente útero errante de tantas mujeres solteras o ancianas enfermas: las relaciones sexuales. Por lo tanto, el mejor curso de acción era el matrimonio, las relaciones con su esposo y la maternidad. En cuanto a las mujeres cuya histeria persistía o que no podían (o no querían) conseguir un marido para tratar la aparente enfermedad, los médicos victorianos distribuyeron innumerables masajes pélvicos. El nombre del tratamiento no era un eufemismo: los médicos realmente levantaban las faldas de sus pacientes y metían las manos para estimular el clítoris y provocar un orgasmo. Sin embargo, un orgasmo solo curaba la histeria de una mujer temporalmente, por lo que era necesario repetir las visitas.

La salud sexual de las mujeres fue muy mal entendida aun por los científicos más destacados de la época. Con la excepción del útero, se creía que la anatomía femenina era la misma que la de un hombre. Los médicos también se dieron cuenta de que las mujeres que disfrutaban de los masajes pélvicos no parecían entender que esos orgasmos eran el equivalente femenino al orgasmo masculino por la estimulación del pene. Describieron el arrebato deseado como "paroxismo".[103] Muchos historiadores modernos creen que el

---

[101] Hawass, Zahi. *Egiptología en los Albores del Siglo XXI*. 2003.
[102] Ibid.
[103] Allez, Glyn Hudson. *Diversidad Sexual y Delitos Sexuales*. 2018.

paroxismo no se consideraba igual al orgasmo masculino porque se creía que las mujeres eran incapaces de tener un orgasmo. Como consecuencia, los hombres seguían obsesionados con el acto sexual, creyendo que el acto más satisfactorio para ellos mismos y para las mujeres era introducir el pene en la vagina. Para la mayoría de los médicos, los masajes eran algo parecido a la fisioterapia.

A finales de la década de 1880, el Dr. Joseph Mortimer Granville inventó el masajeador electrónico de músculos y tal como estaba previsto, muchos médicos utilizaron el dispositivo. Sin embargo, persistía el rumor de que otros médicos utilizaban el masajeador para aliviar sus cansados dedos del trabajo duro de todos esos masajes pélvicos que insistían eran necesarios.

En cuanto Granville mismo, describió la metodología para aliviar la histeria como "percusión", y de ninguna manera quería que su invento fuera usado como un juguete sexual.[104] Además, Granville parecía no haber estado seguro acerca de la idea de la histeria como diagnóstico. En su libro *Nervio-Vibración y Excitación como Agentes en el Tratamiento del Trastorno Funcional y la Enfermedad Orgánica*, Granville dejó bien en claro sus pensamientos sobre ambos asuntos:

> Nunca he percutado a una paciente femenina... He evitado y continuaré evitando el tratamiento de las mujeres por percusión, simplemente porque no deseo ser engañado y ayudar a engañar a otros, por las veleidades del estado histérico.

Algunos investigadores cuestionan si los médicos victorianos realmente realizaron o al menos abogaron por los masajes pélvicos para que las mujeres se curaran o se previniera la histeria. La declaración del Dr. Granville en Nervio Vibración parece subrayar claramente el hecho de que el masaje, o "percusión", como lo expresa el autor, era habitual en la sociedad victoriana, al menos en los

---

[104] Knowles, Jon. *Cómo se Jodió el Sexo*. 2019.

círculos médicos. Y, sin embargo, la masturbación masculina estaba estrictamente mal vista.

Si bien la histeria femenina era un gran negocio en cuanto a las visitas al médico, la investigación clínica e incluso las ventas de vibradores, la sexualidad masculina estaba en un campo de juego diferente. Muchos hombres, casados o solteros, se reunían con profesionales del sexo para aliviar sus fluidos sexuales acumulados. A menudo, en cuanto a salud, los médicos consideraban que la masturbación era la mejor la alternativa para los hombres solteros. En ese momento, el esperma se consideraba bastante valioso, no solo porque podía usarse para tener hijos, sino porque aparentemente ayudaba a calmar el dolor y el fervor de la mujer histérica.

Mientras que los hombres se dedicaban a sus problemas sexuales, en gran medida sin control, las mujeres que no se curaban con masajes pélvicos o con las relaciones sexuales con sus maridos, a menudo se las enviaban a un centro de salud mental. Muchas mujeres se encontraron presas involuntarias de tales asilos cuando sus padres o esposos decidían que ya no podían soportar ciertas conductas de ellas. Con las normas sociales de la sociedad victoriana tan estrictas y restrictivas para la mayoría de las mujeres, aparentemente no había fin a los tipos de comportamiento que podrían interpretarse como histéricos.

Aunque los asilos a principios del siglo XIX se estaban moviendo hacia un nuevo enfoque en los tratamientos que tenían como objetivo mantener a los pacientes cómodos y sin estrés, esos ideales se perdieron cuando torrentes de pacientes llenaron cada rincón de los centros de salud con fondos insuficientes. La evolución de las leyes de bienestar social impediría que las personas con enfermedades mentales conocidas fueran admitidas en hospicios, por lo que, muchas personas enfermas terminaban en un asilo. A diferencia del siglo anterior, muchos de los reclusos del siglo XIX en las instalaciones de salud mental de Gran Bretaña no se los trataban simplemente como criminales para ser encerrados fuera de la sociedad, sino que eran tratados con la esperanza que se curaran.

Además de los masajes, a las mujeres de las salas de histeria se las trataba con descargas eléctricas, duchas, baños calientes, baños fríos, inyecciones de semen y productos químicos psicotrópicos. Los principales médicos y psicoterapeutas de la nación discutieron extensamente las terapias radicales, sin importar cuán mal concebidas estuvieran. En algunos refugios mentales, como el del Dr. William Charles Ellis y su esposa Mildred en el Asilo Hanwell en Londres, se empleaban métodos muy diferentes.

Cuando Ellis se hizo cargo de las instalaciones Hanwell, decidió proporcionar un afectuoso hogar en el que sus pacientes serían rehabilitados por medio de trabajo físico. Los terrenos del asilo eran muy grandes, lo que permitía una pequeña granja, panadería, cervecería y otros pequeños puestos de avanzada profesionales en los que trabajaban los pacientes. Ellis no utilizaba restricciones como lo hacían muchas otras instalaciones, sino que permitía que sus pacientes recorrieran los edificios y terrenos libremente. En el caso de episodios violentos, el paciente sufriente era aislado para no dañar a nadie a su alrededor.

Desafortunadamente, incluso la mejor de las intenciones resultaría inútil en los asilos que tenían poco personal y se expandían constantemente para admitir cientos y cientos de pacientes más. Hanwell y otras instalaciones de salud mental se volvieron sombrías, sucias y superpobladas; se convirtieron más en un tipo de sistema penitenciario tortuoso que en un lugar de paz y tratamientos satisfactorios. Para los británicos más pobres y enfermos, al menos los asilos ofrecían una cama y algo de comer. Aun así, para las mujeres, los tiempos eran muy difíciles.

El reinado de Victoria vio el desarrollo feroz del feminismo dentro del reino británico, así como en otras naciones occidentales. En un momento en que la población se estaba urbanizando y se reorganizando en los roles no tradicionales de la vida en la ciudad, muchas mujeres querían (y necesitaban) la posibilidad de mantenerse por sí mismas económicamente y convertirse en sus propias defensoras personales. Querían la capacidad de hacer esto sin tener que ingresar a los hospicios del país y también sin temor a que las llevaran a un asilo. No era fácil para una mujer soltera ganarse la vida en la Gran Bretaña victoriana, e incluso aquellas mujeres que tenían una educación clásica luchaban por ganarse la vida.

Se puede suponer que la última mujer trabajadora de Gran Bretaña, la reina Victoria, fue una defensora de la causa feminista, pero, de hecho, ella estaba lejos de eso. Sin que pareciera ver la ironía en su postura, Victoria arremetió contra las feministas de su reino.

La reina Victoria al Sr. Martin, 29 de mayo de 1870:

> La reina está ansiosa por enlistar a todos los que pueden hablar o escribir para unirse a esta loca y malvada locura de los "Derechos de la mujer", con todos sus concomitantes horrores, en los que se inclina su pobre sexo débil, olvidando todo sentido de sentimiento femenino y propiedad. Lady [Amberley] debería recibir una buena paliza. Es un tema que enfurece tanto a la Reina que no puede contenerse. Dios creó a hombres y mujeres diferentes, luego los dejó para que permanecieran cada uno en su posición... La mujer se convertiría en seres humanos odiosos, desalmados y repugnantes si se le permitiera liberarse; ¿Y dónde estaría la protección que el hombre debía darle al sexo más débil?[105]

> Amo la paz y la tranquilidad, odio la política y la agitación. Las mujeres no estamos hechas para gobernar, y si somos buenas mujeres, no nos deben gustar estas ocupaciones masculinas. Hay momentos que obligan a uno a interesarse en ellas, y lo yo lo hago, por supuesto, intensamente.[106]

---

[105] Bauer, Carol and Lawrence Ritt (editores.) *Libres y Ennoblecidas: Fuente de Lecturas en el Desarrollo del Feminismo Victoriano.* 2013.

[106] Ibid.

Se sabía que Victoria lamentaba su tendencia a reaccionar emocionalmente ante los acontecimientos de su vida. La cultura en la que nació insistía en que las mujeres eran más emocionales que los hombres y que luchaban por controlar esas emociones y pensar con claridad. Evidentemente Victoria compró esta visión del género, rehusándose irónicamente a unirse a la agenda feminista en evolución de su época. Los miembros de su mismo género exigían los mismos derechos que sus homólogos masculinos y la oportunidad de que sus familiares, amigos y la sociedad en general las tomaran en serio. En cambio, lo que generalmente recibían eran conferencias sobre moralidad y el papel de la mujer en el hogar. Aquellas que presionaban demasiado por su independencia, muy frecuentemente terminaban en el asilo, para nunca regresar.

Capítulo 19 - Emperatriz de la India

En 1858, la reina Victoria tuvo el gran honor de agregar otro gran país a su colección. La India, que ya había estado bajo la influencia británica durante siglos, estaba al borde del colapso. Su Majestad se adelantó benevolentemente para recoger las piezas y organizarlas como mejor le pareciera.

El vínculo de Gran Bretaña con la India comenzó en 1600 cuando la reina Isabel I otorgó una carta a la Compañía británica de Comercio de las Indias Orientales, dándole el derecho a desarrollar un centro comercial británico económicamente viable dentro de la India.[107] La Compañía tuvo tanto éxito que sus administradores pudieron expandir sus propiedades para incluir prácticamente todo el subcontinente indio. La compañía obtuvo el dominio militar y económico sobre la India en 1757 que duraría un siglo.[108]

En 1858, el gobierno de la reina Victoria se aprovechó de los disturbios políticos en la India después de la Gran Rebelión y asumió el liderazgo de todas las tierras de propiedad británica en la India. Ese mismo año, el Parlamento aprobó la Ley del Gobierno de la India.[109]

---

[107] Joseph, Betty. *Leyendo la Compañía de Comercio de las Indias Orientales 1720-1840.* 2017.
[108] Farooqui, Amar. *El Establecimiento del Gobierno Británico.* 2016.
[109] Parlamento de Gran Bretaña. *Los Debates Parlamentarios.* 1868.

La Ley del Gobierno de la India de 1858 disolvió oficialmente la Compañía Británica de Comercio de las Indias Orientales y transfirió los deberes administrativos de la Compañía a la Corona británica. Originalmente, la transferencia debía ser supervisada por el primer ministro Henry John Temple; sin embargo, su renuncia puso el cargo en manos del próximo primer ministro, Edward Smith-Stanley.

Este reino extranjero llegó a ser conocido principalmente como la India británica, y la subsección del gobierno se conocía como el Raj británico, "raj" significa "gobierno" en indostaní.[110] Por otro lado, India se refería tanto a la India británica como a aquellos reinos más pequeños dentro del subcontinente que habían prometido lealtad económica a la Corona británica.

De conformidad con la Ley del Gobierno de India de 1858, India obtuvo representación en Londres, Calcuta y dentro de cada provincia. En Londres, el secretario de Estado de India era el responsable final de todo el gobierno de la India británica. Se designó un Consejo de la India de 15 miembros para ocuparse de todos los asuntos importantes, y se exigió a sus miembros en su mayoría británicos que hubieran pasado un mínimo de diez años viviendo en la India. Dentro de la India, el gobernador general de la India servía como la máxima autoridad en la capital del país, Calcuta.

El Raj británico significaba que la India estaba directamente bajo la autoridad del gobierno británico, y aunque la Reina Victoria consideraba esta legislación como un regalo maravilloso para el pueblo indio, no todos compartían su punto de vista. El fin del gobierno de la Compañía no resolvería los problemas actuales para personas como Mohandas Gandhi, más conocido como Mahatma Gandhi para los lectores de hoy. Gandhi y muchos otros en toda la India británica y las provincias leales anhelaban la soberanía india y lamentaban que su país hubiera estado bajo el pulgar proverbial del Imperio británico durante tanto tiempo. Estaban enojados por su

---

[110] Omvedt, Gail. *Reinventando la Revolución*. 1993.

condición de ciudadanos de segunda dentro de un imperio que supuestamente los recibiría con los brazos abiertos. Es cierto que, si bien a los indios se les dieron muchos de los mismos derechos que a los ciudadanos británicos tradicionales, todavía eran abrumadoramente pobres e incapaces de llegar a posiciones de verdadera autoridad.

Ciertamente, la reina Victoria se tomó muy en serio su posición como figura decorativa de la India, y sintió una responsabilidad personal hacia un país cuyo pueblo había sufrido bajo las guerras constantes de la Compañía de Comercio de las Indias Orientales. La conexión de la India con Gran Bretaña permitiría a muchos estudiantes tener una educación de primera clase en Gran Bretaña, y en muchos casos, condujo a carreras en el extranjero en Europa que eran más lucrativas que las disponibles en la India. Gandhi mismo asistió a la escuela de leyes en Londres antes de regresar a su hogar para establecer una práctica legal. India también sufrió una "anglinización" metódica que enfurecía a algunos y aplacaba a otros. A los estudiantes se les enseñaba a hablar y escribir en inglés, y cuando llegaban a la mayoría de edad, podían encontrar buenos trabajos dentro del gobierno local y la burocracia que muchos de sus padres y abuelos no hubieran podido obtener.

Además de eso, la agricultura de la India se transformó bajo el Raj británico. Dado la afición británica por el té, parecía lógico establecer plantaciones de té en India para competir con las de China. Antes de que se perfeccionaran los campos de té de la India, el producto a pedido estaba disponible en China; sin embargo, la exportación de plantas de té o semillas vivas de China era ilegal, y el proceso por el cual las hojas de té se preparaban para el consumo era muy reservado. En 1848, El botánico escocés Robert Fortune había introducido exitosamente de contrabando miles de plantas de China en la India, junto con suficientes trabajadores de plantaciones chinos para mantenerlas con vida, pero esos primeros cultivos apenas si fueron viables.[111]

Algunas de las famosas plantas de té de Fortune lograron sobrevivir y reproducirse, pero fue el trabajo duro de los trabajadores de las plantaciones durante el Raj británico lo que realmente hizo que la industria se pusiera de pie. En solo unas pocas décadas, las exportaciones de té de la India a Gran Bretaña superaban a las de China. Era la relación ideal para productores y compradores, y en cierto modo, el té llegó a fortalecer los lazos culturales entre India y Gran Bretaña. Los británicos tomaban el suyo en finas tazas de porcelana con terrones de azúcar importados de sus posesiones empíricas s en el Caribe; Los indios tomaban el suyo con leche, azúcar y una variedad de especias aromáticas.

Victoria estaba inmensamente orgullosa de su condición de emperatriz de la India e incluso tomó una secretaria india llamada Abdul Karim. Karim ayudó a Victoria a aprender los caracteres del alfabeto hindú y tradujo sus entradas de diario al indostaní. La reina cultivaría una relación respetuosa e íntima con Karim, incluso visitaron juntas su cabaña escocesa Glas-allt-Shiel. No había estado allí desde la muerte de John Brown en 1883.[112] La amistad irritó a muchos miembros de la aristocracia británica, incluidos los mismos hijos de la reina. Sin embargo, no le importaba y continuó sinceramente tratando de ser una buena monarca para sus súbditos indios lo mejor que sabía.

Varios indios vinieron a servir a la reina en la corte, pero ninguno de ellos fue elevado al nivel de Abdul Karim. En sus cartas a Karim, Victoria firmaba como "tu íntima amiga" o "tu amorosa madre".[113] Como emperatriz de la India, es probable que Victoria creyera que su

---

[111] Chatterjee, Arup K. "Cómo llegó el chai a la India hace 170 años". *El Hindú*. Web. 19 August 2018.
[112] Brown, Raymond Lamont. *John Brown: Sirviente de las Highland de la Reina Victoria*. 2011.
[113] Lawson, Alastair. "La Reina Victoria y Abdul". *BBC News*. Web. 14 de marzo de 2011.

relación con Abdul Karim imitaba la de su gobierno con la India británica.

Capítulo 20 - Jack el Destripador

El Londres victoriano era una bulliciosa y ajetreada ciudad cuya caótica colección de ricos y pobres, de industria y comercio tradicional, a menudo era impactante en su yuxtaposición. Aunque el centro de Londres estaba adornado con filigrana y poblado por hombres de negocios, funcionarios del gobierno y guardias reales, los vecindarios fuera de los distritos centrales a menudo eran oscuros, lúgubres y el hogar de comerciantes ilícitos. Tal era el caso en el distrito de Whitechapel, al este de los bloques más limpios de la ciudad y al norte del Támesis.

Mientras la reina Victoria estuvo en el trono, el distrito de Whitechapel era conocido por su colección de inmigrantes empobrecidos, muchos de los cuales se vieron obligados a venderse como objetos sexuales a falta de un mejor empleo. Después de todo, el médico lo recomendaba cuando uno no tenía esposa, al menos hasta que la enfermedad venérea desenfrenada exigiera abstinencia.

Las investigaciones llevadas a cabo por el investigador francés contemporáneo Alexandre Jean-Baptiste Parent du Châtelet sugerían que la mayoría de las trabajadoras sexuales incursionaron en la industria a tiempo parcial. Las mujeres involucradas en la prostitución generalmente no deseaban hacer el trabajo, pero se veían obligadas a hacerlo por razones económicas. Muchas chicas se unían al negocio a la edad de quince años; la edad del consentimiento sexual era solo de diez años.[114]

Las niñas y mujeres que trabajaban como prostitutas estaban expuestas a muchos peligros potenciales, incluidas las enfermedades de transmisión sexual y las agresiones, especialmente cuando pasaban largas horas de noche en las calles mal iluminadas de la ciudad. Entre los meses de agosto y noviembre de 1888, el peligro aumentó significativamente a medida que una figura sigilosa acechaba las calles del distrito de Whitechapel en busca de trabajadoras sexuales vulnerables para mutilar y asesinar. Las violentas heridas de cuchillo que se encontraron en las víctimas le valieron al asesino el mote de Jack el Destripador.

La primera víctima conocida del Destripador, una de las cinco clásicas (no se sabe exactamente cuántas personas mató el Destripador), fue asesinada el 31 de agosto.[115] Se llamaba Mary Ann Nicols, de 43 años, y era una trabajadora sexual conocida que generalmente frecuentaba Whitechapel. Pronto siguieron cuatro compañeras de Nicols: Annie Chapman, de 47 años, murió el 8 de septiembre; Elizabeth Stride y Catherine Eddowes, de 44 y 46 años respectivamente, murieron el 30 de septiembre; y la víctima final de Jack el Destripador, Mary Jane Kelly, fue asesinada el 9 de noviembre. Tenía solo 25 años. Cuando la noticia de la tétrica muerte de Mary Jane llegó a la reina Victoria, el monarca inmediatamente escribió una carta al primer ministro Robert Gascoyne-Cecil. Le pidió que no solo contratara al mejor equipo de detectives para el caso, sino que iluminara los rincones oscuros de las calles de Londres para que los potenciales asesinos tuvieran menos oportunidades de llevar a cabo sus terribles actos.

> Este nuevo horrendo asesinato muestra la absoluta necesidad de una acción muy decidida. Todos estos patios deben estar iluminados y nuestros detectives mejor

---

[114] Knowles, Jon. *Cómo se Jodió el Sexo.* 2019.
[115] "Jack el Destripador". Historia de la *BBC*. Web. 2014.

entrenados. No son lo que deberían ser. Prometisteis, cuándo tuvo lugar el primer asesinato, consultar con vuestros colegas al respecto.[116]

La reina no solía encargarse personalmente de instruir a las fuerzas policiales de la nación, pero los asesinatos del Destripador probablemente eran particularmente inquietantes para ella, como lo fueron para gran parte de Gran Bretaña y la comunidad internacional. De las cinco mujeres cuyas muertes fueron atribuidas a Jack el Destripador, cuatro fueron terriblemente mutiladas. El cuerpo de Mary Ann Nichols fue descubierto en la calle Durward, conocida por los lugareños como la Fila del Macho. Se convocó a la policía para inspeccionar a la mujer que yacía en la calle con la falda levantada. Le habían hecho cortes en la garganta dos veces y varias veces a ambos lados de su abdomen. Se suponía que estaba muerta, pero de todos modos se convocó a un médico. Cuando finalmente llegó, media hora después de que encontraran a Mary Ann, declaró que probablemente había muerto a los pocos minutos de haber sido descubierta.[117]

El cuerpo de Annie Chapman fue encontrado en la calle Hanbury 29 por un residente de la casa donde yacía afuera. También había sufrido un corte en la garganta y cortes en el abdomen que, según los investigadores de la policía, fueron causados por un cuchillo de un largo similar al utilizado en el asesinato de Mary Ann Nichols. Ambas mujeres se habían casado antes de venir al Extremo Este de Londres para ganar dinero como trabajadoras sexuales; se informó que Mary Ann había tenido un problema con la bebida y se separó de su esposo antes de trabajar en las calles, mientras que Annie había dejado a su esposo después de la muerte de su hija. Annie había recibido un pequeño subsidio de su esposo después de su separación, pero los pagos se suspendieron después de la muerte del hombre y se le exigió a la viuda que ganara su sustento. Su único recurso era la industria del sexo.

---

[116] Edwards, Russell. *Nombrando a Jack el Destripador*. 2014.

[117] Evans, Stewart P. y Donald Rumbelow. *Jack el Destripador: Scotland Yard Investiga*. 2006.

Nacida en Suecia, Elizabeth Stride (de soltera Gustafsdotter) parece haber estado empleada simultáneamente como sirvienta a la vez que se desempeñaba como trabajadora sexual para obtener ingresos extras. Vivió en su ciudad natal de Torslanada, Suecia, hasta 1866, cuando se mudó a Londres después de sufrir el parto de un niño muerto el año anterior.[118] Una vez más encontró empleo como empleada doméstica, y se casó con un hombre británico llamado John Thomas Stride. Durante un tiempo, la pareja dirigió un café en el este de Londres, pero en 1871, Elizabeth estaba empleada en el Asilo de Pobres Álamo.[119] Su matrimonio se rompió y se encontró en casas de huéspedes, pagando el alquiler con la prostitución en el mismo vecindario que Mary Ann y Annie. Cuando encontraron el cuerpo de Elizabeth el 30 de septiembre de 1888, la sangre aún fluía de su garganta cortada.

Louis Diemschutz, un administrador del Club de los Trabajadores encontró a Elizabeth desangrándose frente a sus instalaciones alrededor de la una de la mañana. Luego de la autopsia, los investigadores descubrieron que Elizabeth no había sufrido las mismas heridas abdominales que las víctimas anteriores del Destripador, pero decidieron que se debía a que el asesino casi fue atrapado en el acto por Diemschutz. No había pasado una hora del asesinato de Elizabeth, cuando apareció el cuerpo de Catherine Eddowes en la esquina de la Plaza Mitre.

Nacida en Wolverhampton, en West Midlands, Inglaterra, en 1842, Catherine Eddowes había estado en Londres varias veces en busca de trabajo o para convivir con un compañero.[120] Tuvo tres hijos con Thomas Conway antes de abandonar a sus hijos y a su esposo en 1880, después de lo cual Conway comenzó a usar un apellido diferente, para que su expareja no pudiera localizarla. Eddowes tenía

---

[118] Evans, Stewart P. y Donald Rumbelow. *Jack el Destripador: Scotland Yard Investiga.* 2006.
[119] Evans, Stewart P. y Donald Rumbelow Jack el Destripador: Scotland Yard Investiga. 2006.
[120] Shaw-Smith, Dr. Scott. *Jack el Destripador - Príncipe o Mendigo.* 2015.

las iniciales de Thomas, TC, tatuadas con tinta azul en su antebrazo izquierdo.[121]

Catherine se mudó a la casa de huéspedes comunitaria de Cooney en 1881, donde conoció al gerente John Kelly y comenzó una relación con él.[122] A diferencia de Elizabeth y las dos primeras víctimas de Jack el Destripador, no se cree que Catherine haya trabajado en la industria del sexo. El encargado de la casa de huéspedes les dijo a los investigadores que ella solía llegar entre las nueve y las diez de la noche. y que nunca la había visto trabajando en las calles.[123] La noche de su asesinato, se cree que Catherine tuvo una pelea con Kelly y salió a emborracharse. El agente Louis Robinson la encontró borracha en la calle los ocho y media de la noche, y Robinson la llevó a la estación de policía. Permaneció allí hasta que la policía pensó que estaba lo suficientemente sobria como para regresar a casa alrededor de la una de la madrugada[124] Solo cuarenta y cinco minutos después, Catherine Eddowes estaba muerta.

Las dos mujeres asesinadas ese día en Whitechapel fueron asesinadas con 45 minutos de diferencia y a menos de 3 millas (4.8 kilómetros) de distancia. Los investigadores supusieron que el asesino había buscado a otra víctima después que se vio obligado a abandonar el cuerpo de Elizabeth Stride. La investigación posterior sobre los casos generalmente corroboraría esta teoría, especialmente porque el cuerpo de Elizabeth no estaba mutilado y el de Catherine estaba horriblemente cortado. Le cortaron la cara y le abrieron el estómago, le sacaron un trozo de intestino y lo pusieron sobre su hombro.

El cirujano de la policía, el Dr. Frederick Gordon Brown, realizó una inspección post mortem del cuerpo de Catherine y concluyó que la falta de sangre de las heridas abdominales significaba que la mujer estaba muerta antes de que le quitaran las entrañas. También

---

[121] Ibid.
[122] Ibid.
[123] Ibid.
[124] Ibid.

descubrió que le habían extirpado el riñón izquierdo con tanta habilidad que el autor debía tener un conocimiento sólido de anatomía y los procedimientos quirúrgicos.

Se cree que el Destripador no volvió a atacar hasta noviembre, cuando asesinó a Mary Jane Kelly. Poco se sabe sobre el pasado de Kelly, pero su novio de ese momento, Joseph Barnett, le dijo a la policía que había nacido en Irlanda y que había pasado parte de su infancia en Gales antes de mudarse a Londres en 1884.[125] Es posible que haya encontrado empleo como trabajadora sexual mientras estaba en Cardiff, la capital de Gales, pero definitivamente trabajó en la industria del sexo una vez que llegara a Londres.

Barnett dijo a los investigadores que Kelly a menudo le había pedido que le leyera historias de periódicos sobre los asesinatos del Destripador. Los dos vivieron juntos durante un tiempo, y Barnett reveló que su novia estaba empleada en un burdel de alta gama en el Extremo Oeste de Londres y que incluso una vez le ofrecieron un contrato sexual en Francia. Sin embargo, prefería Londres, que ese fatídico noviembre la puso en el camino del famoso asesino.

La mañana del 9 de noviembre, el arrendador de Kelly envió a un asistente para que la despertara para cobrarle el alquiler, que se había retrasado durante varios meses.[126] El hombre que abrió la puerta de la habitación de Kelly ese día, la encontró en la cama, cubierta de sangre y cortada en pedazos. El Dr. Thomas Bond y el Dr. George Bagster Phillips examinaron los restos de Kelly, sospechando que había muerto unas doce horas antes de que llegaran.

Este último cuerpo había sufrido más que cualquiera de los de las víctimas anteriores atribuidas a Jack el Destripador. El abdomen de Kelly estaba abierto, y sus órganos removidos y colocados en varios lugares, en la cabeza o al lado de su pie izquierdo. Tenía el rostro con varios cortes, le faltaban parte de la nariz, las cejas, las orejas y

---

[125] Hayes, Vanessa A. *Revelaciones del Verdadero Destripador.* 2006.

[126] Fairclough, Melvyn. *El Destripador y la Realeza.* 2002.

mejillas. Le habían cortado brutalmente ambos senos, y el corazón faltaba por completo. Curiosamente, el Dr. Phillips no creía que las mutilaciones hubieran sido realizadas por alguien con poco conocimiento de anatomía o carnicería.

Se le pidió a Barnett que identificara el cuerpo de la mujer que había visitado menos de un día antes, y aunque el cuerpo estaba en un estado horrible, sostuvo que lo reconoció como el de Mary Ann Kelly por el aspecto de una oreja y los ojos.

Se acepta casi universalmente que estas cinco mujeres son víctimas del mismo asesino anónimo al que los periódicos llamaron Jack el Destripador. Los casos han sido investigados a fondo, tanto por investigadores contemporáneos y modernos como por especialistas forenses, y se han postulado múltiples teorías sobre el autor. Una teoría que goza de gran popularidad especula que Jack el Destripador dejó Gran Bretaña para irse a los Estados Unidos de América y se hizo conocido como el primer asesino serial de Estados Unidos, H. H. Holmes. Quienquiera que fuera realmente el sórdido perpetrador, su presencia perseguiría a la gente de Whitechapel y Londres durante años después de que ocurrieran los horribles asesinatos.

Capítulo 21 - El Siglo XX

El tiempo había transcurrido lo suficiente como para que la mayoría de los súbditos británicos no recordaran a ningún monarca salvo la reina Victoria. Ella se convirtió en una reina de 70 años y luego en una reina de 80 años, viuda y perennemente de luto negro por su príncipe Alberto perdido. Los engranajes del Imperio británico se pusieron firmemente en movimiento por la última parte del gobierno de Victoria, y su era fue realmente la primera parte de la era moderna. También fue uno de los últimos vestigios de la verdadera autoridad de la realeza británica.

La reina Victoria era educada y razonable, pero cuando se decidía sobre algún problema, este no era materia de debate. Su consejo a otros reflejaba este carácter perfectamente:

> Una regla que no puedo dejar de recomendar lo suficiente es la que nunca permita que la gente hable sobre temas relacionados con usted o sus asuntos, sin que usted mismo haya deseado que lo hagan. En el momento en que una persona se comporta de manera inadecuada sobre ese tema, cambie la conversación y haga que la persona sienta que ha cometido un error... La gente seguramente tratará de hablar con usted sobre sus asuntos personales; recházelo con valentía, y lo dejarán en paz... [127]

---

[127] Benson, Arthur Christopher (editor.) *Las Cartas de la Reina Victoria.* 1908.

La reina Victoria no entró en el siglo XX alegremente. Su país estaba centrado en la segunda guerra Bóer, un enfrentamiento militar entre Gran Bretaña y dos estados Bóer, la República Sudafricana y el Estado Libre de Orange. Ambas naciones africanas estaban luchando para defender su tierra de los británicos que, por múltiples razones, decidieron anexarlas. El 11 de octubre del último año del siglo XIX, le declararon formalmente la guerra a Gran Bretaña, cuyas tropas ya ocupaban las regiones sudafricanas de Natal y la Colonia del Cabo.[128]

La Colonia del Cabo, también conocida como el Cabo de Buena Esperanza, se encontraba en el punto más meridional de África. Bajo el control británico formal desde 1814, la colonia del Cabo había estado en manos de los holandeses.[129] En los años inmediatamente anteriores a la asunción de la reina Victoria, los colonos holandeses descontentos (conocidos como Boers) en el área de la Colonia del Cabo emigraron en masa hacia el este, donde establecieron los reinos independientes del Estado Libre de Orange y Transvaal, este último mejor conocido por los británicos como la República Sudafricana.

En 1880, Gran Bretaña ya había intentado anexar las tierras Bóer, pero las fuerzas coloniales holandesas frustraron sus esfuerzos.[130] Sin embargo, en 1886 se descubrió una gran cantidad de oro en el Estado Libre de Orange que provocó que los líderes británicos reevaluaran sus propiedades en Sudáfrica.[131] Esta vez, durante la segunda guerra Bóer, Gran Bretaña estaba más decidida que nunca a reclamar las posesiones holandesas como propias. Para garantizar el éxito, a las tropas británicas se le unieron miles de soldados de sus diversas posesiones en todo el mundo, incluidos Canadá y Australia. El conflicto continuaría durante las fiestas de Navidad y Año Nuevo, pero como Victoria escribiera en una carta al político conservador

---

[128] Tucker, Spencer C. *Una Cronología Global del Conflicto*. 2009.
[129] Olson, James Stuart; Shadle, Robert y Ross Marlay. *Diccionario Histórico del Imperialismo Europeo*. 1991.
[130] Laband, John. *La Rebelión de Transvaal*. 2014.
[131] Griffiths, Ieuan. *La Herencia Africana*. 1995.

Arthur Balfour, "No estamos interesados en la posibilidad de una derrota; ellos no existen".[132] Sus tropas siguieron adelante, ganando la delantera en la batalla.

Sin embargo, a nivel personal, 1900 trajo una gran tristeza a la reina cuando su hijo mayor, Eduardo, recibió en abril un disparo de un manifestante contra guerra en Bélgica; aunque sobrevivió, Alfredo, uno de sus otros hijos, no tuvo tanta suerte. Murió ese julio de cáncer de garganta.[133] Alfredo sería el tercero de sus hijos adultos en morir, y el dolor que su muerte le causó a la anciana reina fue inmenso. Ya había perdido a Alicia y Leopoldo a causa de una enfermedad en las décadas anteriores, pero esas experiencias no la dejaron mejor preparada para enfrentar tal tragedia. La princesa Alicia había muerto en 1878, poco después de su propia hija Marie; ambos habían estado enfermas de difteria.[134] El príncipe Leopoldo, el hijo menor de Victoria y Alberto, murió en 1884 a la edad de 30 años.[135] A Leopoldo le habían diagnosticado hemofilia cuando era niño y se cree que murió de una hemorragia cerebral después de caerse y golpearse la cabeza.[136]

Las muertes no se detendrían allí. El príncipe Christian Víctor, hijo de la hija de Victoria, Helena, murió de fiebre entérica mientras servía en el ejército británico en Sudáfrica. Fue un año largo para la anciana reina Victoria, que pasó las fiestas de Navidad en Casa Osborne en la Isla de Wight como solía hacerlo desde la muerte de Alberto, tantos años antes. La amiga y compañera de la reina en Casa Osborne, Lady Jane Churchill, murió durante las fiestas.

La muerte del príncipe Alfredo no cambiaría la línea de sucesión, ya que Eduardo era el heredero aparente del trono de su madre, pero dejaba al ducado de Sajonia-Coburgo y Gotha sin un representante

---

[132] Citado por Robert Andews. *El Diccionario de Citas de Columbia*. 1993.
[133] "Los Últimos Días de la Reina Victoria". *Historia Extra*. Web. 18 de enero de 2019.
[134] Persson, Sheryl. *Viruela, Sífilis y Salvación*. 2010.
[135] Packard, Jerrold M. *Las Hijas de. Victoria*. 1999.
[136] Ibid.

real. El ducado de Alfredo lo ocuparía su sobrino Carlos Eduardo, hijo del príncipe Leopoldo. Esta faceta de la familia real británica, ya que Sajonia-Coburgo y Gotha se centraron en Alemania, jugaría un papel controvertido en la Primera y Segunda Guerra Mundial.

Ese mismo año, el Comité de Representación Laboral se reunió por primera vez para establecerse como el partido político de referencia para los sindicalistas, socialistas y otros votantes y trabajadores de tendencia no izquierdista. El comité rápidamente ganó popularidad y solo unos años más tarde se renombraría como el Partido Laborista, un pilar duradero dentro de la política británica moderna. El primer ministro Robert Gascoyne-Cecil había sido elegido para su tercer mandato en 1895, y su partido conservador seguiría siendo el partido más popular en el transcurso de la guerra de los Bóers.[137] Gascoyne-Cecil y los miembros de su partido apelaron con éxito al sentido de orgullo de los británicos en su imperio, asegurando que el esfuerzo de guerra fuera apoyado adecuadamente en el frente interno.

Victoria permanecería en Casa Osborne durante el año nuevo. En enero de 1901, se quejaba regularmente de sentirse débil y somnolienta, y los síntomas empeorarían en las siguientes semanas. También sufría de una artritis dolorosa en las piernas y estaba confinada a una silla de ruedas. Las cataratas restringían gran parte de su visión, y le confesaría a su médico personal, el Dr. James Reid, que sufría episodios de confusión.

Ante la súplica urgente del Dr. Reid el 17 de enero, los hijos de la reina se decidieron a ir la Casa Osborne, aunque Reid escribiría en sus notas personales que la generación más joven de la realeza no parecía creer que su anciana madre pudiera estar a punto de morir. Convencidos justo a tiempo, de los hijos sobrevivientes de Victoria y Alberto se reunieron alrededor del lecho de muerte de su madre. Uno por uno, ellos y sus nietos se despidieron de la reina.

---

[137] Grenville, John. A. S. "Robert Arthur Talbot Gascoyne-Cecil, 3er marqués de Salisbury

Ya al final, su hijo mayor Eduardo y su nieto mayor, el emperador Guillermo II estuvieron junto al lecho de muerte de Victoria. Les pidió que pusieran en la cama junto a ella, su mascota Pomerania, Turi. La reina Victoria del Reino Unido de Gran Bretaña e Irlanda, emperatriz de la India, murió el 22 de enero de 1901, a la edad de 81 años.[138]

Todos los países de su imperio lloraron la muerte de la reina, pero la mayor reunión de gente para rendir tributo a la reina fue en Londres el día de su funeral de estilo militar, el 2 de febrero. El ataúd de Victoria estaba lleno de recuerdos de su familia, incluida una bata que había pertenecido a su difunto esposo, el príncipe Alberto, y un mechón de cabello de John Brown que lo agregó el leal médico de Victoria después de que los hijos de la realeza se hubieran alejado, y también incluyó una fotografía de John Brown. Reid ocultó estos objetos de vista con ramo de flores ingeniosamente ubicado por encima.[139]

La muerte de la Reina de Gran Bretaña y cabeza de un imperio mundial ocupó la primera plana en toda la prensa internacional. Dentro de Inglaterra, un editorial de la revista *The Economist* (El Economista) expresó casi a regañadientes respeto por el monarca perdido.

> El ECONOMISTA se abstiene siempre de esas expresiones de adulación que recientemente han sido demasiado comunes, pero no cabe duda de que la influencia política de la Reina fue mayor de lo que se suponía, y que siempre se ejerció de manera beneficiosa... De sus virtudes personales se ha vuelto tedioso hablar, pero el historiador declarará que el mundo la hizo única entre las soberanas mujeres.[140]

PRIMER MINISTRO DEL REINO UNIDO". *Enciclopedia Británica*. Web.
[138] Haycraft, Molly Costain. *Reina Victoria*. 1956.
[139] Ibid.
[140] "La Muerte de la Reina Vitoria". *The Economist*. 1901.

La reina Victoria había gobernado su reino durante más de 63 años, convirtiéndola, en ese momento, en la monarca con más años de reinado desde su predecesora del siglo XVI, la reina Isabel I.[141]

---

[141] Este récord ha sido superado por la reina Isabel II de Windsor, la tataranieta de Victoria.

Epílogo

El 22 de enero de 1901, Alberto Eduardo, el hijo mayor de Victoria y Alberto, fue coronado rey Eduardo VII del Reino Unido de Gran Bretaña e Irlanda, y emperador de la India.[142] Decidió gobernar como miembro de la Casa de Sajonia-Coburgo y Gotha en honor a su padre alemán, terminando así la línea de monarcas de Hannover. emparentado con la mayoría de las familias reales en Europa gracias a los matrimonios de sus muchos hermanos, a menudo llamaban a Eduardo el "Tío de Europa", y Victoria era anunciada como la "Abuela de Europa". Eduardo VII era un hijo amoroso, pero como todos los hijos de Victoria, había odiado el apego de su madre tanto a John Brown como a Abdul Karim. Al ser nombrado rey, hizo quemar las cartas de Victoria a Abdul Karim e inmediatamente deportó al leal sirviente de la difunta reina a la India. También destruyó los muchos monumentos conmemorativos de su madre a John Brown.[143]

En cuanto a los ciudadanos del gran imperio, la afición a las artes oscuras que habían descubierto durante el reinado de la reina Victoria continuaría sin cesar. Uno de los ocultistas más famosos de la era eduardiana fue el mismo Aleister Crowley de Inglaterra, un mago, poeta y escritor. Graduado de la Universidad de Cambridge e hijo de cristianos fundamentalistas, Crowley pronto eliminó las restricciones de la religión victoriana y prosiguió estudiando con entusiasmo la

---

[142] "Eduardo VII". *El hogar de la familia real*. Web.
[143] Titchmarsh, Alan. *Las Casas de la Reina*. 2014.

teología del esoterismo occidental. Fundó una nueva religión llamada Thelema y atrajo a miles de súbditos británicos del rey a la nueva iglesia

La ciencia ficción también continuaría creciendo en popularidad junto con temas y herramientas del espiritismo. Las obras de H. G. Wells entusiasmó a generaciones de aspirantes a aventureros y científicos a seguir estudiando las facetas menos conocidas del mundo. Su trabajo incluso allanó el camino para que los escritores y cineastas del siglo XX exploraran completamente el universo y todas sus extrañas posibilidades en su arte. Sir Arthur Conan Doyle, el famoso autor de la serie de libros *Sherlock Holmes*, fue uno de esos autores del siglo XX inspirado en Wells y otros novelistas góticos.

Los pasatiempos victorianos, como las fiestas de espiritismo y las fotos de recuerdo post mortem, cambiarían involuntariamente las subculturas religiosas del reino, y en el siglo siguiente, tal vez fueron más populares que nunca. En particular, a Conan Doyle le fascinaba la idea de comunicarse con los espíritus de las personas muertas. Sería uno de los más insistentes promotores del espiritismo a principios del siglo XX.

Para los británicos aún cautivados por Egipto, uno de los acontecimientos más espectaculares del siglo XX fue el descubrimiento de la tumba egipcia de Tutankamón, completa con el cuerpo momificado del faraón y la resplandeciente máscara de muerte dorada. Cuando el arqueólogo británico, Howard Carter, presentó al mundo en 1922 sus hallazgos en todo su esplendor, Gran Bretaña y el mundo occidental se obsesionaron por completo con las momias, los jeroglíficos antiguos y todo lo relacionado con el antiguo Egipto.[144]

El antiguo Egipto fascinaba a los victorianos modernos con sus mitos y leyendas, y era tan poderoso como la conexión cultural duradera que los británicos sentían con los miembros de los reinos

---

[144] Carter, Howard. *La Tumba de Tutankamón*. 2002. Publicado originalmente en 1923.

egipcios que hacía mucho tiempo habían desaparecido. La tradición solo se fortaleció cuando el financista de Howard Carter, George Herbert, moría poco después del descubrimiento más famoso de Carter. El encabezado del periódico *The Detroit News*, publicado el 6 de abril de 1923, proclamaba: "La Excavación de Tumbas Continuará, a pesar de la Maldición de Egipto".

Así, también, continuó el Imperio británico a pesar de la muerte de su inolvidable reina Victoria. Su reinado fue el pináculo del imperio, y Gran Bretaña nunca más volvería a tener tanto poder, autoridad e influencia económica en el mundo como lo hizo bajo la mirada severa y amorosa de Victoria. Sin embargo, incluso cuando el imperio se redujo y Gran Bretaña fue una vez más un pequeño reino a la deriva en el extremo occidental de Europa, las industrias, las ciencias, la literatura, la medicina y las estructuras sociales construidas durante la época de Victoria permanecieron visibles.

Vea más libros escritos por Captivating History

www.ingramcontent.com/pod-product-compliance
Lightning Source LLC
LaVergne TN
LVHW011843060526
838200LV00054B/4146